JN417943

角筆口訣 寫眞資料 5

周本 華嚴經 卷第三十一·卷第三十四

－湖林博物館 所藏－

태학사

집필진
이승재 (서울대학교 교수)
남풍현 (구결학회 고문)
윤행순 (한밭대학교 교수)
정재영 (한국기술교육대학교 교수)
이희관 (전 호림박물관 학예실장)
박진호 (한양대학교 교수)
장경준 (고려대학교 교수)
김성주 (한국기술교육대학교 연구교수)
박준석 (말라야대학교 교수)
서민욱 (가톨릭대학교 박사)
정진원 (고려대학교 강사)
조은주 (단국대학교 강사)

角筆口訣 寫眞資料 5

周本 華嚴經 卷第三十一・卷第三十四

초판 제1쇄 인쇄 2009년 7월 20일 초판 제1쇄 발행 2009년 7월 31일
지은이 이승재 외
펴낸이 지현구 **펴낸곳** 태학사 **등록** 제406-2006-00008호
주소 경기도 파주시 교하읍 문발리 파주출판도시 498-8
전화 마케팅부 (031)955-7580~2 편집부 (031)955-7585~90 **전송** (031)955-0910
홈페이지 www.thaehaksa.com **전자우편** thaehak4@chol.com

값 25,000원

ISBN 978-89-5966-319-4 94710
ISBN 978-89-5966-001-8 (세트)

☞ 잘못된 책은 구입한 곳이나 본사에서 바꾸어 드립니다.

☞ 이 연구는 한국학술진흥재단의 기초학문육성사업 인문사회분야지원 토대연구 (과제번호 KRF-2005-078-AM0026)의 연구비를 받아 수행되었다.

周本 華嚴經 卷第三十一·卷第三十四

－ 湖林博物館 所藏 －

머리말

여기에 影印하는 寫眞 資料는 角筆口訣 硏究에 필수적인 資料이다. 이 자료는 湖林博物館(館長 吳允善)에 所藏되어 있는 周本『華嚴經』卷第三十一과 卷第三十四이다. 이들은 十一世紀 말엽이나 十二世紀 초엽에 간행된 것으로 추정되는 木版本으로서 國寶 二百三號로 지정된 周本『華嚴經』卷第六과 계통이 같다.

角筆은 나무·대나무·상아·뿔 등을 뾰족하게 깎아 만든 것으로서 종이를 눌러 點을 찍거나 線을 긋는 筆記具의 일종이다. 언제 누가 이 角筆을 처음 사용하기 시작하였는지는 아직 확실하지 않지만 종이가 發明된 이후에 古代의 韓·中·日 三國에서 널리 사용된 필기구로 추정된다. 붓에다 黑墨·朱墨·黃墨 등을 묻혀서 紙面에 기입한 것은 색깔이 겉으로 드러나기 때문에 금방 눈에 들어온다. 그러나 각필을 이용하여 종이를 눌러 기입한 點이나 線 등의 흔적은 彩色된 것이 아니라서 얼른 눈에 띄지 않는다. 그리하여 각필 흔적은 千年의 秘密을 간직한 채 숨겨져 왔던 것이다.

二〇〇〇年 七月 初旬, 角筆 文獻 硏究의 開拓者이자 權威者인 日本의 小林芳規 敎授가 訪韓하여 南豊鉉 會長을 비롯한 口訣學會 任員들과 共同으로 角筆 資料를 조사하던 중에 初雕大藏經의『瑜伽師地論』卷第八에서 角筆로 記入된 點과 線을 發見하게 되었다. 그 후의 연구 결과 이 點과 線이 우리말 口訣을 記錄한 것이라는 사실이 밝혀짐으로써 우리는 뜻하지 않게 千年 前의 우리말 資料를 大量으로 確保하게 되었다. 國語史 硏究에 劃期的 變化를 가져올 資料를 새로이 發掘한 것이다.

그런데 學者들에게 이 角筆 資料를 어떻게 提供할 것인가 하는 문제가 쉽게 풀리지 않았다. 처음에는 現代의 漢字를 이용하여 옛날의 版式에 맞추어 판을 짠 다음 여기에 角筆로 기입된 點과 線을 옮겨 놓는 방법을 택하였다. 이른바 現代 漢字體 移點本을 만든 것이다. 그런데 現代의 字形과 옛날의 字形이 서로 一致하지 않는 漢字가 아주 많아서 큰 문제에 봉착하게 되었다. 周本『華嚴經』卷第三十一과 卷第三十四에 각필로 기입된 점과 선의 位置는 아주 精密한 것이라서 그 위치를 原本 그대로 보여줄 필요가 절실하였던 것이다. 이들『華嚴經』의 漢字 字形을 原本 그대로 보여줄 필요성도 날로 커졌다.

연구 자료를 연구실에 구비하는 것은 모든 연구자에게 필수적이지만 국보로 지정될 만큼 貴重한 文化財를 그리할 수는 없는 일이다. 그러나 寫眞을 찍어 자료를 연구실에 비치하게 되면 연구 효율을 극대화

할 수 있다. 사진 자료는 原文을 그대로 보여주는 최상의 자료이기 때문이다. 成保文化財團의 尹章燮 理事長, 湖林博物館의 吳允善 館長과 이희관 학예실장의 돈독한 배려와 지원으로 우리는 사진 자료를 값싸게 아무 때나 들춰볼 수 있게 되었다. 이 분들의 厚意에 머리 숙여 감사드린다.

이미 출판된 角筆口訣 寫眞資料 一『初雕大藏經 瑜伽師地論 卷第五·卷第八』에서는 원래의 사진을 가공하지 않고 그대로 출판하였다. 角筆 痕迹이 뚜렷하여 육안으로도 쉽게 확인되기 때문이다. 그러나 周本『華嚴經』 卷第三十一과 卷第三十四의 경우 그 흔적이 뚜렷하지 않아 새로운 고민이 시작되었다. 原文의 漢字 字形을 그대로 유지하면서 동시에 각필 흔적을 뚜렷하게 드러내 보일 방법은 없는가? 필자는 이 방법을 찾아내고 나서 쾌재를 불렀다. 사진 편집기를 이용하여 원래의 사진 위에다 각필 흔적을 노란색·빨간색·파란색 등으로 彩色하는 방법을 찾아낸 것이다. 이른바 原文 漢字體 移點本을 만들게 됨으로써 자료 가공 문제는 완전히 해결되었다. 이 책에서는 원래의 사진과 더불어 각필 흔적을 彩色한 原文 漢字體 移點本을 동시에 제공하기로 하였다. 각필 흔적을 확인할 때에는 이 移點本과 解讀集(判讀과 解讀 및 飜譯)을 상호 대비해 보기를 바란다. 이 대비의 편의를 위하여 解讀集과 寫眞資料集을 分冊하였음은 두말할 필요도 없다.

角筆 資料 寫眞은 最上의 해상도를 요구한다. 따라서 좌우 四-五行 단위로 나누어 사진을 찍되 上下도 둘로 나누어서 찍게 된다. 그런데 縱書이면서도 上下가 分離되어 있는 자료는 이용하기가 여간 불편하지 않으므로 좌우를 짜 맞추고 上下를 連結하는 편집 과정이 필요하다. 이 사진 편집에는 張景俊(고려대학교 국어국문학과) 교수의 노고가 실로 컸다. 張景俊 교수는 각필 흔적을 노란색·빨간색·파란색 등으로 채색하는 일도 주관해 주었으니 이 책의 진정한 著者라고 할 수 있다.

끝으로 사진 편집의 어려움을 이겨내어 千年 전의 우리말 자료를 최상의 선명도로 출판해 준 태학사의 지현구 사장님과 편집진 여러분께 고마운 마음을 전하면서, 국어학·서지학·불교학 등의 관련 학자들이 이 사진 자료집을 이용하여 많은 업적을 내기를 기대한다.

二〇〇九年 七月二十日

관악산 기슭에서

이승재 씀

▶ 일러두기

一. 이 자료는 湖林博物館에 소장된 周本 華嚴經 卷第三十一·卷第三十四에 각필로 기입된 점토(구결점)와 부호를 비전문가도 쉽게 알아 볼 수 있도록 원본의 사진 영인본과 점토 재생본을 나란히 제시한 것이다.

二. 사진 영인본은 二〇〇六年 九月 촬영한 사진을 편집한 것이고 점토 재생본은 사진 영인본을 바탕으로 하여 각필로 기입된 부분에 별도의 색깔을 입혀 표시하였다.

三. 점토 재생본에서 색깔을 입혀 표시한 부분은 기본적으로 각필구결 연구 모임에서 공동 작성한 二〇〇八年 四月 현재의 잠정 판독안에 기록된 내용을 반영한다. 반영된 내용은 다음의 원칙에 의해 표시되었다.

가. 판독된 점토는 노란색으로 표시한다. 위치나 형태가 둘 이상의 해석 가능성을 지니는 경우에는 가장 먼저 제시된 판독 방안을 반영한다.
나. 물음표로 표시한 것, 즉 있는 것으로 인정되지만 잘 보이지 않아서 판독 결과를 확신하기 어려운 것은 빨간색으로 표시한다.
다. 중괄호로 표시한 것, 즉 분명히 있는 것 같은데 해독에는 반영하기 어려운 것은 파란색으로 표시한다.
라. 점토가 아닌 이른바 경계선·종결선·숫물선 등의 부호는 파란색으로 표시한다.

四. 점토 재생본에 표시된 점이나 선들은 시각적 효과를 높이기 위해 실제보다 더 두껍고 길게 표시하였다. 그리고 일부의 예들은 판독안에 기록된 것만큼 잘 보이지 않는 경우도 있다. 따라서 점토 재생본을 이용하여 논의를 할 때에는 사진 영인본의 해당 부분을 자세히 살펴 실제 모습을 확인하는 과정을 반드시 거쳐야 할 것이다.

周本 華嚴經 卷第三十一

– 湖林博物館 所藏 –

大方廣佛華嚴經卷第三十一

于闐國三藏實叉難陀奉　制譯

十迴向品第二十五之九

佛子云何爲菩薩摩訶薩無著無縛解脫迴向佛子是菩薩摩訶薩於一切善根心生尊重所謂於出生死心生尊重於攝取一切善根心生尊重於希求一切善根心生尊重於悔諸過業心生尊重於隨喜善根心生尊重

大方廣佛華嚴經卷第三十一

于闐國三藏實叉難陀奉　制譯

十迴向品第二十五之九

佛子云何爲菩薩摩訶薩無著無縛解脫迴
向佛子是菩薩摩訶薩於一切善根心生尊
重所謂於出生死心生尊重於攝取一切善
根心生尊重於希求一切善根心生尊重於
悔諸過業心生尊重於隨喜善根心生尊重

於禮敬諸佛心生尊重於合掌恭敬心生尊
重於頂禮塔廟心生尊重於勸佛說法心生
尊重於如是等種種善根皆生尊重隨順忍
可佛子菩薩摩訶薩於彼善根皆生尊重隨
順忍可時究竟欣樂堅固信解自得安住令
他安住勤修無著自在積集成勝志樂住如
來境勢力增長悉得知見以諸善根如是迴
向所謂以無著無縛解脫心成就普賢身業

於禮敬諸佛心生尊重於合掌恭敬心生尊
重於頂禮塔廟心生尊重於勸佛說法心生
尊重於如是等種種善根皆生尊重隨順忍
可佛子菩薩摩訶薩於彼善根皆生尊重隨
順忍可時究竟欣樂堅固信解自得安住令
他安住勤修無著自在積集成勝志樂住如
來境勢力增長悉得知見以諸善根如是迴
向所謂以無著無縛解脫心成就普賢身業

以無著無縛解脫心淸淨普賢語業以無著
無縛解脫心圓滿普賢意業以無著無縛解
脫心發起普賢廣大精進以無著無縛解脫
心具足普賢無礙音聲陀羅尼門其聲廣大
普徧十方以無著無縛解脫心具足普賢見
一切佛陀羅尼門恒見十方一切諸佛以無
著無縛解脫心成就解了一切音聲陀羅尼
門同一切音說無量法以無著無縛解脫心

以無著無縛解脫心清淨普賢語業以無著
無縛解脫心圓滿普賢意業以無著無縛解
脫心發起普賢廣大精進以無著無縛解脫
心具足普賢無礙音聲陀羅尼門其聲廣大
普徧十方以無著無縛解脫心具足普賢見
一切佛陀羅尼門恒見十方一切諸佛以無
著無縛解脫心成就解了一切音聲陀羅尼
門同一切音說無量法以無著無縛解脫心

成就普賢一切劫住陀羅尼門普於十方修
菩薩行以無著無縛解脫心成就普賢自在
力於一衆生身中示修一切菩薩行盡未來
劫常無間斷如一衆生身一切衆生身悉如
是以無著無縛解脫心成就普賢自在力普
入一切衆道場普現一切諸佛前修菩薩行
以無著無縛解脫心成就普賢佛自在力於
一門中示現經不可說不可說劫無有窮盡

成就普賢一切劫住陀羅尼門普於十方修
菩薩行以無著無縛解脫心成就普賢自在
力於一衆生身中示修一切菩薩行盡未來
劫常無間斷如一衆生身一切衆生身悉如
是以無著無縛解脫心成就普賢自在力普
入一切衆道場普現一切諸佛前修菩薩行
以無著無縛解脫心成就普賢佛自在力於
一門中示現經不可說不可說劫無有窮盡

令一切衆生皆得悟入以無著無縛解脫心
成就普賢佛自在力於種種門中示現經不
可說不可說劫無有窮盡令一切衆生皆得
悟入其身普現一切佛前以無著無縛解脫
心成就普賢自在力念念中令不可說不可
說衆生住十力智心無疲倦以無著無縛解
脫心成就普賢自在力於一切衆生身中現
一切佛自在神通令一切衆生住普賢行以

令一切衆生皆得悟入以無著無縛解脫心
成就普賢佛自在力於種種門中示現經不
可說不可說劫無有窮盡令一切衆生皆得
悟入其身普現一切佛前以無著無縛解脫
心成就普賢自在力念念中令不可說不可
說衆生住十力智心無疲倦以無著無縛解
脫心成就普賢自在力於一切衆生身中現
一切佛自在神通令一切衆生住普賢行以

無著無縛解脫心成就普賢自在力於一一
衆生語言中作一切衆生語言令一切衆生
一一皆住一切智地以無著無縛解脫心成
就普賢自在力於一一衆生身中普容納一
切衆生身令皆自謂成就佛身以無著無縛
解脫心成就普賢自在力能以一華莊嚴一
切十方世界以無著無縛解脫心成就普賢
自在力出大音聲普徧法界周聞一切諸佛

無著無縛解脫心成就普賢自在力於一一
衆生語言中作一切衆生語言令一切衆生
一一皆住一切智地以無著無縛解脫心成
就普賢自在力於一一衆生身中普容納一
切衆生身令皆自謂成就佛身以無著無縛
解脫心成就普賢自在力能以一華莊嚴一
切十方世界以無著無縛解脫心成就普賢
自在力出大音聲普徧法界周聞一切諸佛

國土攝受調伏一切衆生以無著無縛解脫
心成就普賢自在力盡未來際不可說不可
說劫於念念中悉能徧入一切世界以佛神
力隨念莊嚴以無著無縛解脫心成就普賢
自在力盡未來際所住之劫常能徧入一切
世界示現成佛出興於世以無著無縛解脫
心成普賢行一光普照盡虛空界一切世界
以無著無縛解脫心成普賢行得無量智慧

國土攝受調伏一切衆生以無著無縛解脫
心成就普賢自在力盡未來際不可說不可
說劫於念念中悉能徧入一切世界以佛神
力隨念莊嚴以無著無縛解脫心成就普賢
自在力盡未來際所住之劫常能徧入一切
世界示現成佛出興於世以無著無縛解脫
心成普賢行一光普照盡虛空界一切世界
以無著無縛解脫心成普賢行得無量智慧

具一切神通說種種法以無著無縛解脫心
成普賢行入於如來盡一切劫不可測量神
通智慧以無著無縛解脫心成普賢行住盡
法界諸如來所以佛神力修習一切諸菩薩
行身口意業曾無懈倦以無著無縛解脫心
成普賢行不違於義不壞於法言辭淸淨樂
說無盡教化調伏一切衆生令其當得一切
諸佛無上菩提以無著無縛解脫心修普賢

具一切神通說種種法以無著無縛解脫心
成普賢行入於如來盡一切劫不可測量神
通智慧以無著無縛解脫心成普賢行住盡
法界諸如來所以佛神力修習一切諸菩薩
行身口意業曾無懈倦以無著無縛解脫心
成普賢行不違於義不壞於法言辭清淨樂
說無盡教化調伏一切衆生令其當得一切
諸佛無上菩提以無著無縛解脫心修普賢

行入一法門時放無量光照不思議一切法
門如一法門一切法門皆亦如是通達無礙
究竟當得一切智地以無著無縛解脫心住
菩薩行於法自在到於普賢莊嚴彼岸於一
一境界皆以一切智觀察悟入而一切智亦
不窮盡以無著無縛解脫心始從此生盡未
來際住普賢行常不休息得一切智悟不可
說不可說眞實法於法究竟無有迷惑以無

行入一法門時放無量光照不思議一切法
門如一法門一切法門皆亦如是通達無礙
究竟當得一切智地以無著無縛解脫心住
菩薩行於法自在到於普賢莊嚴彼岸於一
一境界皆以一切智觀察悟入而一切智亦
不窮盡以無著無縛解脫心始從此生盡未
來際住普賢行常不休息得一切智悟不可
說不可說眞實法於法究竟無有迷惑以無

著無縛解脫心修普賢業方便自在得法光
明於諸菩薩所行之行照了無礙以無著無
縛解脫心修普賢行得一切方便智知一切
方便所謂無量方便不思議方便菩薩方便
一切智方便一切菩薩調伏方便轉無量法
輪方便不可說時方便說種種法方便無邊
際無畏藏方便說一切法無餘方便以無著
無縛解脫心住普賢行成就身業令一切衆

著無縛解脫心 修普賢業方便自在得法光
明於諸菩薩所行之行照了無礙以無著無
縛解脫心 修普賢行得一切方便智知一切
方便所謂無量方便不思議方便菩薩方便
一切智方便一切菩薩調伏方便轉無量法
輪方便不可說時方便說種種法方便無邊
際無畏藏方便說一切法無餘方便以無著
無縛解脫心 住普賢行成就身業令一切衆

生見者歡喜不生誹謗發菩提心永不退轉
究竟淸淨以無著無縛解脫心修普賢行得
了一切衆生語言淸淨智一切言辭具足莊
嚴普應衆生皆令歡喜以無著無縛解脫心
住普賢行立殊勝志具淸淨心得廣大神通
廣大智慧普詣一切廣大世閒廣大國土廣
大衆生所說一切如來不可說廣大法廣大
莊嚴圓滿藏以無著無縛解脫心成滿普賢

生見者歡喜不生誹謗發菩提心永不退轉
究竟清淨以無著無縛解脫心修普賢行得
了一切衆生語言清淨智一切言辭具足莊
嚴普應衆生皆令歡喜以無著無縛解脫心
住普賢行立殊勝志具清淨心得廣大神通
廣大智慧普詣一切廣大世間廣大國土廣
大衆生所說一切如來不可說廣大法廣大
莊嚴圓滿藏以無著無縛解脫心成滿普賢

迴向行願得一切佛清淨身淸淨心淸淨解
攝佛功德住佛境界智印普照示現菩薩淸
淨之業善入一切差別句義示諸佛菩薩廣
大自在爲一切衆生現成正覺以無著無縛
解脫心勤修普賢諸根行願得聰利根調順
根一切法自在根無盡根勤修一切善根根
一切佛境界平等根授一切菩薩不退轉記
大精進根了知一切佛法金剛界根一切如

迴向行願得一切佛淸淨身淸淨心淸淨解
攝佛功德住佛境界智印普照示現菩薩淸
淨之業善入一切差別句義示諸佛菩薩廣
大自在爲一切衆生現成正覺以無著無縛
解脫心勤修普賢諸根行願得聰利根調順
根一切法自在根無盡根勤修一切善根根
一切佛境界平等根授一切菩薩不退轉記
大精進根了知一切佛法金剛界根一切如

來智慧光照金剛燄根分別一切諸根自在
根安立無量衆生於一切智根無邊廣大根
一切圓滿根清淨無礙根以無著無縛解脫
心修普賢行得一切菩薩神力所謂無量廣
大力神力無量自在智神力不動其身普現
一切佛刹神力無礙不斷自在神力普攝一
切佛刹置於一處神力一身徧滿一切佛刹
神力無礙解脫遊戲神力無所作一念自在

來智慧光照金剛燄根分別一切諸根自在
根安立無量衆生於一切智根無邊廣大根
一切圓滿根清淨無礙根以無著無縛解脫
心修普賢行得一切菩薩神力所謂無量廣
大力神力無量自在智神力不動其身普現
一切佛刹神力無礙不斷自在神力普攝一
切佛刹置於一處神力一身徧滿一切佛刹
神力無礙解脫遊戲神力無所作一念自在

神力住無性無依神力一毛孔中次第安立
不可說世界徧遊法界諸佛道場示諸衆生
皆令得入大智慧門神力以無著無縛解脫
心入普賢門生菩薩行以自在智於一念頃
普入無量諸佛國土一身容受無量佛刹獲
能嚴淨佛國土智恒以智慧觀見無邊諸佛
國土永不發起二乘之心以無著無縛解脫
心修普賢方便行入智慧境界生如來家住

神力住無性無依神力一毛孔中次第安立
不可說世界徧遊法界諸佛道場示諸衆生
皆令得入大智慧門神力以無著無縛解脫
心入普賢門生菩薩行以自在智於一念頃
普入無量諸佛國土一身容受無量佛刹獲
能嚴淨佛國土智恒以智慧觀見無邊諸佛
國土永不發起二乘之心以無著無縛解脫
心修普賢方便行入智慧境界生如來家住

菩薩道具足不可說不可說無量不思議殊
勝心行無量願未曾休息了知三世一切法
界以無著無縛解脫心成就普賢淸淨法門
於一毛端量處悉包容盡虛空徧法界不可
說不可說一切國土皆使明見如一毛端量
處徧法界虛空界一一毛端量處悉亦如是
以無著無縛解脫心成就普賢深心方便於
一念心中現一衆生不可說不可說劫念心

菩薩道具足不可說不可說無量不思議殊
勝心行無量願未曾休息了知三世一切法
界以無著無縛解脫心成就普賢淸淨法門
於一毛端量處悉包容盡虛空徧法界不可
說不可說一切國土皆使明見如一毛端量
處徧法界虛空界一一毛端量處悉亦如是
以無著無縛解脫心成就普賢深心方便於
一念心中現一衆生不可說不可說劫念心

如是乃至現一切衆生爾許劫念心以無著
無縛解脫心入普賢迴向行方便地於一身
中悉能包納盡法界不可說不可說身而衆
生界無所增減如一身乃至周徧法界一切
身悉亦如是以無著無縛解脫心成就普賢
大願方便捨離一切想倒心倒見倒普入一
切諸佛境界常見諸佛虛空界等淸淨法身
相好莊嚴神力自在常以妙音開示演說無

如是乃至現一切衆生爾許劫念心以無著
無縛解脫心入普賢迴向行方便地於一身
中悉能包納盡法界不可說不可說身而衆
生界無所增減如一身乃至周徧法界一切
身悉亦如是以無著無縛解脫心成就普賢
大願方便捨離一切想倒心倒見倒普入一
切諸佛境界常見諸佛虛空界等淸淨法身
相好莊嚴神力自在常以妙音開示演說無

礙無斷令其聞者如說受持於如來身了無
所得以無著無縛解脫心修普賢行住菩薩
地於一念中入一切世界所謂入仰世界覆
世界不可說不可說十方網一切處廣大世
界以因陀羅網分別方便普分別一切法界
以種種世界入一世界以不可說不可說無
量世界入一世界以一切法界所安立無量
世界入一世界以一切虛空界所安立無量

礙無斷令其聞者如說受持於如來身了無
所得以無著無縛解脫心修普賢行住菩薩
地於一念中入一切世界所謂入仰世界覆
世界不可說不可說十方網一切處廣大世
界以因陀羅網分別方便普分別一切法界
以種種世界入一世界以不可說不可說無
量世界入一世界以一切法界所安立無量
世界入一世界以一切虛空界所安立無量

世界入一世界而亦不壞安立之相悉令明
見以無著無縛解脫心修習普賢菩薩行願
得佛灌頂於一念中入方便地成滿安住衆
行智寶悉能了知一切諸想所謂衆生想法
想刹想方想佛想世想業想行想界想解想
根想時想持想煩惱想淸淨想成熟想見佛
想轉法輪想聞法解了想調伏想無量想出
離想種種地想無量地想菩薩了知想菩薩

世界入一世界而亦不壞安立之相悉令明
見以無著無縛解脫心修習普賢菩薩行願
得佛灌頂於一念中入方便地成滿安住衆
行智寶悉能了知一切諸想所謂衆生想法
想刹想方想佛想世想業想行想界想解想
根想時想持想煩惱想淸淨想成熟想見佛
想轉法輪想聞法解了想調伏想無量想出
離想種種地想無量地想菩薩了知想菩薩

修習想菩薩三昧想菩薩三昧起想菩薩成
想菩薩壞想菩薩歿想菩薩生想菩薩解脫
想菩薩自在想菩薩住持想菩薩境界想劫
成壞想明想闇想晝想夜想半月一月一時
一歲變異想去想來想住想坐想睡想覺想
如是等想於一念中悉能了知而離一切想
無所分別斷一切障無所執著一切佛智充
滿其心一切佛法長其善根與諸如來等同

修習想菩薩三昧想菩薩三昧起想菩薩成
想菩薩壞想菩薩歿想菩薩生想菩薩解脫
想菩薩自在想菩薩住持想菩薩境界想劫
成壞想明想闇想晝想夜想半月一月一時
一歲變異想去想來想住想坐想睡想覺想
如是等想於一念中悉能了知而離一切想
無所分別斷一切障無所執著一切佛智充
滿其心一切佛法長其善根與諸如來等同

一身一切諸佛之所攝取離垢清淨一切佛
法皆隨修學到於彼岸以無著無縛解脫心
爲一切衆生修普賢行生大智寶於一一心
中知無量心隨其依止隨其分別隨其種性
隨其所作隨其業用隨其相狀隨其思覺種
種不同靡不明見以無著無縛解脫心成就
普賢大願智寶於一處中知於無量不可說
處如於一處於一切處悉亦如是以無著無

一身一切諸佛之所攝取離垢淸淨一切佛
法皆隨修學到於彼岸以無著無縛解脫心
爲一切衆生修普賢行生大智寶於一一心
中知無量心隨其依止隨其分別隨其種性
隨其所作隨其業用隨其相狀隨其思覺種
種不同靡不明見以無著無縛解脫心成就
普賢大願智寶於一處中知於無量不可說
處如於一處於一切處悉亦如是以無著無

縛解脫心修習普賢行業智地於一業中能
知無量不可說不可說業其業各以種種緣
造明了知見如於一業於一切業悉亦如是
以無著無縛解脫心修習普賢知諸法智於
一法中知不可說不可說法於一切法中而
知一法如是諸法各各差別無有障礙無違
無著以無著無縛解脫心住菩薩行得具普
賢無礙耳根於一言音中知不可說不可說

縛解脫心修習普賢行業智地於一業中能
知無量不可說不可說業其業各以種種緣
造明了知見如於一業於一切業悉亦如是
以無著無縛解脫心修習普賢知諸法智於
一法中知不可說不可說法於一切法中而
知一法如是諸法各各差別無有障礙無違
無著以無著無縛解脫心住菩薩行得具普
賢無礙耳根於一言音中知不可說不可說

言音無量無邊種種差別而無所著如於一
言音於一切言音悉亦如是以無著無縛解
脫心修普賢智起普賢行住普賢地於一一
法中演說不可說不可說法其法廣大種種
差別教化攝受不可思議方便相應於無量
時於一切時隨諸衆生所有欲解隨根隨時
以佛音聲而爲說法以一妙音令不可說道
場衆會無量衆生皆悉歡喜一一如來所無量

言音無量無邊種種差別而無所著如於一
言音於一切言音悉亦如是以無著無縛解
脫心修普賢智起普賢行住普賢地於一一
法中演說不可說不可說法其法廣大種種
差別教化攝受不可思議方便相應於無量
時於一切時隨諸衆生所有欲解隨根隨時
以佛音聲而爲說法以一妙音令不可說道
場衆會無量衆生皆悉歡喜一如來所無量

善薩充滿法界𤣥殊勝志生廣大見究竟了
知一切諸行住普賢地隨所說法於念念中
悉能證入一一剎那頃增長無量不可說不可
說大智慧聚盡未來劫如是演說於一切剎
修習廣大虛空等行成就圓滿以無著無縛
解脫心修習普賢諸根行門成大行王於一
一根中悉能了知無量諸根無量心樂不思
議境界所生妙行以無著無縛解脫心住普

菩薩充滿法界立殊勝志生廣大見究竟了
知一切諸行住普賢地隨所說法於念念中
悉能證入一一剎那頃增長無量不可說不可
說大智慧聚盡未來劫如是演說於一切剎
修習廣大虛空等行成就圓滿以無著無縛
解脫心修習普賢諸根行門成大行王於一
一根中悉能了知無量諸根無量心樂不思
議境界所生妙行以無著無縛解脫心住普

賢行大迴向心得色甚微細智身甚微細智
剎甚微細智劫甚微細智世甚微細智方甚
微細智時甚微細智數甚微細智業報甚微
細智清淨甚微細智如是等一切甚微細於
一念中悉能了知而心不恐怖心不迷惑不
亂不散不濁不劣其心一緣心善寂定心善
分別心善安住以無著無縛解脫心住菩薩
智脩普賢行無有懈倦能知一切衆生趣甚

賢行大迴向心得色甚微細智身甚微細智
刹甚微細智劫甚微細智丗甚微細智方甚
微細智時甚微細智數甚微細智業報甚微
細智清淨甚微細智如是等一切甚微細於
一念中悉能了知而心不恐怖心不迷惑不
亂不散不濁不劣其心一緣心善寂定心善
分別心善安住以無著無縛解脫心住菩薩
智脩普賢行無有懈倦能知一切衆生趣甚

微細衆生死甚微細衆生生甚微細衆生住
甚微細衆生處甚微細衆生品類甚微細衆
生境界甚微細衆生行甚微細衆生取甚微
細衆生攀緣甚微細如是等一切甚微細於
一念中悉能了知以無著無縛解脫心立深
志樂修普賢行能知一切菩薩從初發心爲
一切衆生修菩薩行甚微細菩薩住處甚微
細菩薩神通甚微細菩薩遊行無量佛剎甚

微細衆生死甚微細衆生生甚微細衆生住
甚微細衆生處甚微細衆生品類甚微細衆
生境界甚微細衆生行甚微細衆生取甚微
細衆生攀緣甚微細如是等一切甚微細於
一念中悉能了知以無著無縛解脫心立深
志樂修普賢行能知一切菩薩從初發心爲
一切衆生修菩薩行甚微細菩薩住處甚微
細菩薩神通甚微細菩薩遊行無量佛刹甚

微細菩薩法光明甚微細菩薩淸淨眼甚微
細菩薩成就殊勝心甚微細菩薩往詣一切
如來道場衆會甚微細菩薩陀羅尼門智甚
微細菩薩無量無畏地一切辯才藏演說甚
微細菩薩無量三昧相甚微細菩薩見一切
佛三昧智甚微細菩薩甚深三昧智甚微細
菩薩大莊嚴三昧智甚微細菩薩法界三昧
智甚微細菩薩大自在神通三昧智甚微細

微細菩薩法光明甚微細菩薩清淨眼甚微
細菩薩成就殊勝心甚微細菩薩往詣一切
如來道場衆會甚微細菩薩陀羅尼門智甚
微細菩薩無量無畏地一切辯才藏演說甚
微細菩薩無量三昧相甚微細菩薩見一切
佛三昧智甚微細菩薩甚深三昧智甚微細
菩薩大莊嚴三昧智甚微細菩薩法界三昧
智甚微細菩薩大自在神通三昧智甚微細

菩薩盡未來際廣大行住持三昧智甚微細
菩薩出生無量差別三昧智甚微細菩薩出
生一切諸佛前勤修供養恒不捨離三昧智
甚微細菩薩修行一切甚深廣博無障無礙
三昧智甚微細菩薩究竟一切智地住持行
智地大神通地決定義地離翳三昧智甚微
細如是等一切甚微細悉能了知以無著無
縛解脫心修普賢行悉知一切菩薩安立智

菩薩盡未來際廣大行住持三昧智甚微細
菩薩出生無量差別三昧智甚微細菩薩出
生一切諸佛前勤修供養恒不捨離三昧智
甚微細菩薩修行一切甚深廣博無障無礙
三昧智甚微細菩薩究竟一切智地住持行
智地大神通地決定義地離翳三昧智甚微
細如是等一切甚微細悉能了知以無著無
縛解脫心修普賢行悉知一切菩薩安立智

甚微細菩薩地甚微細菩薩無量行甚微細
菩薩出生迴向甚微細菩薩得一切佛藏甚
微細菩薩觀察智甚微細菩薩神通願力甚
微細菩薩演說三昧甚微細菩薩自在方便
甚微細菩薩印甚微細菩薩一生補處甚微
細菩薩生兜率天甚微細菩薩住止天宮甚
微細菩薩嚴淨佛國甚微細菩薩觀察人中
甚微細菩薩放大光明甚微細菩薩種族殊

甚微細菩薩地甚微細菩薩無量行甚微細
菩薩出生迴向甚微細菩薩得一切佛藏甚
微細菩薩觀察智甚微細菩薩神通願力甚
微細菩薩演說三昧甚微細菩薩自在方便
甚微細菩薩印甚微細菩薩一生補處甚微
細菩薩生兜率天甚微細菩薩住止天宮甚
微細菩薩嚴淨佛國甚微細菩薩觀察人中
甚微細菩薩放大光明甚微細菩薩種族殊

勝甚微細菩薩道場衆會甚微細菩薩徧一
切世界受生甚微細菩薩於一身示現一切
身命終甚微細菩薩入母胎甚微細菩薩住
母胎甚微細菩薩在母胎中自在示現一切
法界道場衆會甚微細菩薩在母胎中示現
一切佛神力甚微細菩薩示現誕生事甚微
細菩薩師子遊行七步智甚微細菩薩示處
王宮巧方便智甚微細菩薩出家修調伏行

勝甚微細菩薩道場衆會甚微細菩薩徧一
切世界受生甚微細菩薩於一身示現一切
身命終甚微細菩薩入母胎甚微細菩薩住
母胎甚微細菩薩在母胎中自在示現一切
法界道場衆會甚微細菩薩在母胎中示現
一切佛神力甚微細菩薩示現誕生事甚微
細菩薩師子遊行七步智甚微細菩薩示處
王宮巧方便智甚微細菩薩出家修調伏行

甚微細菩薩菩提樹下坐道場甚微細菩薩
破魔軍衆成阿耨多羅三藐三菩提甚微細
如來坐菩提座放大光明照十方界甚微細
如來示現無量神變甚微細如來師子吼大
涅槃甚微細如來調伏一切衆生而無所礙
甚微細如來不思議自在力如金剛菩提心
甚微細如來普護念一切世間境界甚微細
如來普於一切世界施作佛事盡未來劫而

甚微細菩薩菩提樹下坐道場甚微細菩薩
破魔軍衆成阿耨多羅三藐三菩提甚微細
如來坐菩提座放大光明照十方界甚微細
如來示現無量神變甚微細如來師子吼大
涅槃甚微細如來調伏一切衆生而無所礙
甚微細如來不思議自在力如金剛菩提心
甚微細如來普護念一切世間境界甚微細
如來普於一切世界施作佛事盡未來劫而

無休息甚微細如來無礙神力周徧法界甚
微細如來於盡虛空界一切世界普現成佛
調伏衆生甚微細如來於一佛身現無量佛
身甚微細如來於去來今三世中皆處道場
自在智甚微細如是等一切微細悉能了知
成就清淨普能示現一切世間於念念中增
長智慧圓滿不退善巧方便修菩薩行無有
休息成就普賢迴向之地具足一切如來功

無休息甚微細如來無礙神力周徧法界甚
微細如來於盡虛空界一切世界普現成佛
調伏衆生甚微細如來於一佛身現無量佛
身甚微細如來於去來今三世中皆處道場
自在智甚微細如是等一切微細悉能了知
成就清淨普能示現一切世間於念念中增
長智慧圓滿不退善巧方便修菩薩行無有
休息成就普賢迴向之地具足一切如來功

德永不厭捨菩薩所行出生菩薩現前境界
無量方便皆悉清淨普欲安隱一切衆生修
菩薩行成就菩薩大威德地得諸菩薩心之
樂欲獲金剛幢迴向之門出生法界諸功德
藏常爲諸佛之所護念入諸菩薩深妙法門
演說一切眞實之義於法善巧無所違失起
大誓願不捨衆生於一念中盡知一切心非
心地境界之藏於非心處示生於心遠離語

德永不厭捨菩薩所行出生菩薩現前境界
無量方便皆悉清淨普欲安隱一切衆生修
菩薩行成就菩薩大威德地得諸菩薩心之
樂欲獲金剛幢迴向之門出生法界諸功德
藏常為諸佛之所護念入諸菩薩深妙法門
演說一切眞實之義於法善巧無所違失起
大誓願不捨衆生於一念中盡知一切心非
心地境界之藏於非心處示生於心遠離語

言安住智慧同諸菩薩所行之行以自在力
示成佛道盡未來際常無休息一切世間衆
生劫數妄想言說之所建立神通願力悉能
示現以無著無縛解脫心修普賢行得一切
衆生界甚微細智所謂衆生界分別甚微細
智衆生界言說甚微細智衆生界執著甚微
細智衆生界異類甚微細智衆生界同類甚
微細智衆生界無量趣甚微細智衆生界不

言安住智慧同諸菩薩所行之行以自在力
示成佛道盡未來際常無休息一切世間衆
生劫數妄想言說之所建立神通願力悉能
示現以無著無縛解脫心修普賢行得一切
衆生界甚微細智所謂衆生界分別甚微細
智衆生界言說甚微細智衆生界執著甚微
細智衆生界異類甚微細智衆生界同類甚
微細智衆生界無量趣甚微細智衆生界不

思議種種分別所作甚微細智衆生界無量
雜染甚微細智衆生界無量清淨甚微細智
如是等一切衆生界境界甚微細於一念中
能以智慧皆如實知廣攝衆生而爲說法開
示種種清淨法門令修菩薩廣大智慧化身
無量見者歡喜以智日光照菩薩心令其開
悟智慧自在以無著無縛解脫心爲一切衆
生於一切世界修普賢行得盡虛空界法界

思議種種分別所作甚微細智衆生界無量
雜染甚微細智衆生界無量清淨甚微細智
如是等一切衆生界境界甚微細於一念中
能以智慧皆如實知廣攝衆生而爲說法開
示種種清淨法門令修菩薩廣大智慧化身
無量見者歡喜以智日光照菩薩心令其開
悟智慧自在以無著無縛解脫心爲一切衆
生於一切世界修普賢行得盡虛空界法界

一切世界甚微細智所謂小世界甚微細智
大世界甚微細智雜染世界甚微細智清淨
世界甚微細智無比世界甚微細智種種世
界甚微細智廣世界甚微細智狹世界甚微
細智無礙莊嚴世界甚微細智徧一切世界
佛出現甚微細智徧一切世界說正法甚微
細智徧一切世界普現身甚微細智徧一切
世界放大光明甚微細智盡一切世界示現

一切世界甚微細智所謂小世界甚微細智
大世界甚微細智雜染世界甚微細智清淨
世界甚微細智無比世界甚微細智種種世
界甚微細智廣世界甚微細智狹世界甚微
細智無礙莊嚴世界甚微細智徧一切世界
佛出現甚微細智徧一切世界說正法甚微
細智徧一切世界普現身甚微細智徧一切
世界放大光明甚微細智盡一切世界示現

諸佛自在神通甚微細智盡一切世界以一
音聲示一切音甚微細智入一切世界一切
佛刹道場衆會甚微細智以一切法界佛刹
作一佛刹甚微細智以一佛刹作一切法界
佛刹甚微細智知一切世界如夢甚微細智
知一切世界如像甚微細智知一切世界如
幻甚微細智如是了知出生一切菩薩之道
入普賢行智慧神通具普賢觀修菩薩行常

諸佛自在神通甚微細智盡一切世界以一
音聲示一切音甚微細智入一切世界一切
佛刹道場衆會甚微細智以一切法界佛刹
作一佛刹甚微細智以一佛刹作一切法界
佛刹甚微細智知一切世界如夢甚微細智
知一切世界如像甚微細智知一切世界如
幻甚微細智如是了知出生一切菩薩之道
入普賢行智慧神通具普賢觀修菩薩行常

無休息得一切佛自在神變具無礙身住無
依智於諸善法無所取著心之所行悉無所
得於一切處起遠離想於菩薩行起淨脩想
於一切智無取著想以諸三昧而自莊嚴智
慧隨順一切法界以無著無縛解脫心入普
賢菩薩行門得無量法界甚微細智演說一
切法界甚微細智入廣大法界甚微細智分
別不思議法界甚微細智分別一切法界甚

無依息得一切佛自在神變具無礙身住無
依智於諸善法無所取著心之所行悉無所
得於一切處起遠離想於菩薩行起淨修想
於一切智無取著想以諸三昧而自莊嚴智
慧隨順一切法界以無著無縛解脫心入普
賢菩薩行門得無量法界甚微細智演說一
切法界甚微細智入廣大法界甚微細智分
別不思議法界甚微細智分別一切法界甚

微細智一念徧一切法界甚微細智普入一
切法界甚微細智知一切法界無所得甚微
細智觀一切法界無所礙甚微細智知一切
法界無有生甚微細智於一切法界現神變
甚微細智如是等一切法界甚微細以廣大
智皆如實知於法自在示普賢行令諸衆生
皆悉滿足不捨於義不著於法出生平等無
礙之智知無礙本不住一切法不壞諸法性

微細智一念徧一切法界甚微細智普入一
切法界甚微細智知一切法界無所得甚微
細智觀一切法界無所礙甚微細智知一切
法界無有生甚微細智於一切法界現神變
甚微細智如是等一切法界甚微細以廣大
智皆如實知於法自在示普賢行令諸衆生
皆悉滿足不捨於義不著於法出生平等無
礙之智知無礙本不住一切法不壞諸法性

如實無染猶若虛空隨順世間起於言說開
眞實義示寂滅性於一切境無依無住無有
分別明見法界廣大安立了諸世間及一切
法平等無二離一切著以無著無縛解脫心
修普賢行生諸劫甚微細智所謂以不可說
劫爲一念甚微細智以一念爲不可說劫甚
微細智以阿僧祇劫入一劫甚微細智以一
劫入阿僧祇劫甚微細智以長劫入短劫甚

如實無染猶若虛空隨順世間起於言說開
眞實義示寂滅性於一切境無依無住無有
分別明見法界廣大安立了諸世間及一切
法平等無二離一切著以無著無縛解脫心
修普賢行生諸劫甚微細智所謂以不可說
劫爲一念甚微細智以一念爲不可說劫甚
微細智以阿僧祇劫入一劫甚微細智以一
劫入阿僧祇劫甚微細智以長劫入短劫甚

微細智以短劫入長劫甚微細智入有佛劫
無佛劫甚微細智知一切劫數甚微細智知
一切劫非劫甚微細智一念中見三世一切
劫甚微細智如是等一切諸劫甚微細以如
來智於一念中皆如實知得諸菩薩圓滿行
王心入普賢行心離一切分別異道戲論心
發大願無懈息心普見無量世界網無量諸
佛充滿心於諸佛善根諸菩薩行能聞持心

微細智以短劫入長劫甚微細智入有佛劫
無佛劫甚微細智知一切劫數甚微細智知
一切劫非劫甚微細智一念中見三世一切
劫甚微細智如是等一切諸劫甚微細以如
來智於一念中皆如實知得諸菩薩圓滿行
王心入普賢行心離一切分別異道戲論心
發大願無懈息心普見無量世界網無量諸
佛充滿心於諸佛善根諸菩薩行能聞持心

於安慰一切衆生廣大行聞已不忘心能於
一切劫現佛出世心於一一世界盡未來際
行不動行無休息心於一切世界中以如來
身業充滿菩薩身心以無著無縛解脫心修
普賢行成不退轉得一切法甚微細智所謂
甚深法甚微細智廣大法甚微細智種種法
甚微細智莊嚴法甚微細智一切法無有量
甚微細智一切法入一法甚微細智一法入

於安慰一切衆生廣大行聞已不忘心能於
一切劫現佛出世心於一一世界盡未來際
行不動行無休息心於一切世界中以如來
身業充滿菩薩身心以無著無縛解脫心修
普賢行成不退轉得一切法甚微細智所謂
甚深法甚微細智廣大法甚微細智種種法
甚微細智莊嚴法甚微細智一切法無有量
甚微細智一切法入一法甚微細智一法入

一切法甚微細智一切法入非法甚微細智
無法中安立一切法而不相違甚微細智入
一切佛法方便無有餘甚微細智如是等一
切世界一切言說所安立法諸微細智與彼
同等其智無礙皆如實知得入無邊法界心
於一一法界深心堅住成無礙行以一切智
充滿諸根入諸佛智正念方便成就諸佛廣
大功德徧滿法界普入一切諸如來身現諸

一切法甚微細智一切法入非法甚微細智
無法中安立一切法而不相違甚微細智入
一切佛法方便無有餘甚微細智如是等一
切世界一切言說所安立法諸微細智與彼
同等其智無礙皆如實知得入無邊法界心
於一一法界深心堅住成無礙行以一切智
充滿諸根入諸佛智正念方便成就諸佛廣
大功德徧滿法界普入一切諸如來身現諸

薩所有身業隨順一切世界言辭演說於
法得一切佛神力所加智慧意業出生無量
善巧方便分別諸法薩婆若智以無著無縛
解脫心修普賢行出生一切甚微細智所謂
知一切刹甚微細智知一切衆生甚微細智
知一切法果報甚微細智知一切衆生心甚
微細智知一切說法時甚微細智知一切法
界甚微細智知一切盡虛空界三世甚微細

菩薩所有身業隨順一切世界言辭演說於
法得一切佛神力所加智慧意業出生無量
善巧方便分別諸法薩婆若智以無著無縛
解脫心修普賢行出生一切甚微細智所謂
知一切剎甚微細智知一切衆生甚微細智
知一切法果報甚微細智知一切衆生心甚
微細智知一切說法時甚微細智知一切法
界甚微細智知一切盡虛空界三世甚微細

智知一切語言道甚微細智知一切世間行
甚微細智知一切出世行甚微細智乃至知
一切如來道一切菩薩道一切衆生道甚微
細智修菩薩行住普賢道若文若義皆如實
知生如影智生如夢智生如幻智生如響智
生如化智生如空智生寂滅智生一切法界
智生無所依智生一切佛法智佛子菩薩摩
訶薩以無著無縛解脫心迴向不分別若世

智知一切語言道甚微細智知一切世間行
甚微細智知一切出世行甚微細智乃至知
一切如來道一切菩薩道一切衆生道甚微
細智修菩薩行住普賢道若文若義皆如實
知生如影智生如夢智生如幻智生如響智
生如化智生如空智生寂滅智生一切法界
智生無所依智生一切佛法智佛子菩薩摩
訶薩以無著無縛解脫心迴向不分別若世

間若世間法不分別若菩提若菩提薩埵不
分別若菩薩行若出離道不分別若佛若一
切佛法不分別若調伏衆生若不調伏衆生
不分別若善根若迴向不分別若自若他不
分別若施物若受施者不分別若菩薩行若
等正覺不分別若法若智佛子菩薩摩訶薩
以彼善根如是迴向所謂心無著無縛解脫
身無著無縛解脫口無著無縛解脫業無著

間若世間法不分別若菩提若菩提薩埵不
分別若菩薩行若出離道不分別若佛若一
切佛法不分別若調伏衆生若不調伏衆生
不分別若善根若迴向不分別若自若他不
分別若施物若受施者不分別若菩薩行若
等正覺不分別若法若智佛子菩薩摩訶薩
以彼善根如是迴向所謂心無著無縛解脫
身無著無縛解脫口無著無縛解脫業無著

無縛解脫報無著無縛解脫世間無著無縛
解脫佛刹無著無縛解脫衆生無著無縛解
脫法無著無縛解脫智無著無縛解脫菩薩
摩訶薩如是迴向時如三世諸佛爲菩薩時
所修迴向而行迴向學過去諸佛迴向成未
來諸佛迴向住現在諸佛迴向安住過去諸
佛迴向道不捨未來諸佛迴向道隨順現在
諸佛迴向道勤修過去諸佛教成就未來諸

無縛解脫報無著無縛解脫世間無著無縛
解脫佛刹無著無縛解脫衆生無著無縛解
脫法無著無縛解脫智無著無縛解脫菩薩
摩訶薩如是迴向時如三世諸佛爲菩薩時
所修迴向而行迴向學過去諸佛迴向成未
來諸佛迴向住現在諸佛迴向安住過去諸
佛迴向道不捨未來諸佛迴向道隨順現在
諸佛迴向道勤修過去諸佛教成就未來諸

佛教了知現在諸佛教滿足過去諸佛平等
成就未來諸佛平等安住現在諸佛平等行
過去諸佛境界住未來諸佛境界等現在諸
佛境界得三世一切諸佛善根具三世一切
諸佛種性住三世一切諸佛所行順三世一
切諸佛境界佛子是爲菩薩摩訶薩第九無
著無縛解脫心迴向菩薩摩訶薩住此迴向
時一切金剛輪圍山所不能壞於一切衆生

[illegible]
佛教了知現在諸佛教滿足過去諸佛平等
成就未來諸佛平等安住現在諸佛平等行
過去諸佛境界住未來諸佛境界等現在諸
佛境界得三世一切諸佛善根具三世一切
諸佛種性住三世一切諸佛所行順三世一
切諸佛境界佛子是爲菩薩摩訶薩第九無
著無縛解脫心迴向菩薩摩訶薩住此迴向
時一切金剛輪圍山所不能壞於一切衆生

中色相第一無能及者悉能摧破諸魔邪業
普現十方一切世界修菩薩行爲欲開悟一
切衆生以善方便說諸佛法得大智慧於諸
佛法心無迷惑在在生處若行若住常得值
遇不壞眷屬三世諸佛所說正法以清淨念
悉能受持盡未來劫修菩薩行常不休息無
所依著普賢行願增長具足得一切智施作
佛事成就菩薩自在神通爾時金剛幢菩薩

中色相第一無能及者悉能摧破諸魔邪業
普現十方一切世界修菩薩行爲欲開悟一
切衆生以善方便說諸佛法得大智慧於諸
佛法心無迷惑在在生處若行若住常得值
遇不壞眷屬三世諸佛所說正法以淸淨念
悉能受持盡未來劫修菩薩行常不休息無
所依著普賢行願增長具足得一切智施作
佛事成就菩薩自在神通爾時金剛幢菩薩

承佛神力普觀十方而說頌言

普於十方無等尊　未曾一起輕慢心
隨其所修功德業　亦復恭敬生尊重
所修一切諸功德　不爲自己及他人
恒以最上信解心　利益衆生故迴向
未嘗暫起高慢心　亦復不生下劣意
如來所有身等業　彼悉請問勤修習
所修種種諸善根　悉爲利益諸含識

承佛神力普觀十方而說頌言

普於十方無等尊　未曾一起輕慢心
隨其所修功德業　亦復恭敬生尊重
所修一切諸功德　不爲自己及他人
恒以最上信解心　利益衆生故迴向
未嘗暫起高慢心　亦復不生下劣意
如來所有身等業　彼悉請問勤修習
所修種種諸善根　悉爲利益諸含識

安住深心廣大解　迴向人尊功德位
世間所有無量別　種種善巧奇特事
麁細廣大及甚深　靡不修行皆了達
世間所有種種身　以身平等入其中
於此修行得了悟　慧門成就無退轉
世間國土無量種　微細廣大仰覆別
菩薩能以智慧門　一毛孔中無不見
衆生心行無有量　能令平等入一心

安住深心廣大解　迴向人尊功德位
世間所有無量別　種種善巧奇特事
麁細廣大及甚深　靡不修行皆了達
世間所有種種身　以身平等入其中
於此修行得了悟　慧門成就無退轉
世間國土無量種　微細廣大仰覆別
菩薩能以智慧門　一毛孔中無不見
衆生心行無有量　能令平等入一心

以智慧門悉開悟　於所修行不退轉
衆生諸根及欲樂　上中下品各不同
一切甚深難可知　隨其本性悉能了
衆生所有種種業　上中下品各差別
菩薩深入如來力　以智慧門普明見
不可思議無量劫　能令平等入一念
如是見已徧十方　修行一切清淨業
過去未來及現在　了知其相各不同

以智慧門悉開悟
衆生諸根及欲樂
一切甚深難可知
衆生所有種種業
菩薩深入如來力
不可思議無量劫
如是見已徧十方
過去未來及現在

於所修行不退轉
上中下品各不同
隨其本性悉能了
上中下品各差別
以智慧門普明見
能令平等入一念
修行一切清淨業
了知其相各不同

而亦不違平等理
是則大心明達行
世間衆生行不同
或顯或隱無量種
菩薩悉知差別相
亦知其相皆無相
十方世界一切佛
所現自在神通力
廣大難可得思議
菩薩悉能分別知
一切世界兜率中
自然覺悟人師子
功德廣大淨無等
如其體相悉能見
或現降神處母胎
無量自在大神變

而亦不違平等理　是則大心明達行
世間衆生行不同　或顯或隱無量種
菩薩悉知差別相　亦知其相皆無相
十方世界一切佛　所現自在神通力
廣大難可得思議　菩薩悉能分別知
一切世界兜率中　自然覺悟人師子
功德廣大淨無等　如其體相悉能見
或現降神處母胎　無量自在大神變

成佛說法示滅度　普徧世閒無暫已
人中師子初生時　一切勝智悉承奉
諸天帝釋梵王等　靡不恭敬而瞻侍
十方一切無有餘　無量無邊法界中
無始無末無遐邇　示現如來自在力
人中尊導現生已　遊行諸方各七步
欲以妙法悟羣生　是故如來普觀察
見諸衆生沈欲海　盲瞎愚癡之所覆

成佛說法示滅度　普徧世間無暫已
人中師子初生時　一切勝智悉奉承
諸天帝釋梵王等　靡不恭敬而瞻侍
十方一切無有餘　無量無邊法界中
無始無末無遐邇　示現如來自在力
人中尊導現生已　遊行諸方各七步
欲以妙法悟群生　是故如來普觀察
見諸衆生沈欲海　盲瞎愚癡之所覆

人中自在現微笑　念當救彼三有苦
大師子吼出妙音　我爲世間第一尊
應然明淨智慧燈　滅彼生死愚癡闇
人師子王出世時　普放無量大光明
令諸惡道皆休息　永滅世間衆苦難
或時示現處王宮　或現捨家修學道
爲欲饒益衆生故　示其如是自在力
如來始坐道場時　一切大地皆動搖

人中自在現微笑　念當救彼三有苦
大師子吼出妙音　我爲世間第一尊
應然明淨智慧燈　滅彼生死愚癡闇
人師子王出世時　普放無量大光明
令諸惡道皆休息　永滅世間衆苦難
或時示現處王宮　或現捨家修學道
爲欲饒益衆生故　示其如是自在力
如來始坐道場時　一切大地皆動搖

十方世界悉蒙光　六趣衆生咸離苦
震動一切魔宮殿　開悟十方衆生心
昔曾受化及修行　皆使了知眞實義
十方所有諸國土　悉入毛孔無有餘
一切毛孔刹無邊　於彼普現神通力
一切諸佛所開演　無量方便皆隨悟
設諸如來所不說　亦能解了勤修習
徧滿三千大千界　一切魔軍興鬪諍

十方世界悉蒙光　六趣衆生咸離苦
震動一切魔宮殿　開悟十方衆生心
昔曾受化及修行　皆使了知眞實義
十方所有諸國土　悉入毛孔無有餘
一切毛孔刹無邊　於彼普現神通力
一切諸佛所開演　無量方便皆隨悟
設諸如來所不說　亦能解了勤修習
徧滿三千大千界　一切魔軍興鬪諍

所作無量種種惡　無礙智門能悉滅
如來或在諸佛剎　或復現處諸天宮
或在梵宮而現身　菩薩悉見無障礙
佛現無量種種身　轉於清淨妙法輪
乃至三世一切劫　求其邊際不可得
寶座高廣最無等　徧滿十方無量界
種種妙相而莊嚴　佛處其上難思議
諸佛子衆共圍遶　盡於法界悉周徧

所作無量種種惡　無礙智門能悉滅
如來或在諸佛刹　或復現處諸天宮
或在梵宮而現身　菩薩悉見無障礙
佛現無量種種身　轉於清淨妙法輪
乃至三世一切劫　求其邊際不可得
寶座高廣最無等　徧滿十方無量界
種種妙相而莊嚴　佛處其上難思議
諸佛子衆共圍遶　盡於法界悉周徧

開示菩提無量行　一切最勝所由道
諸佛隨宜所作業　無量無邊等法界
智者能以一方便　一切了知無不盡
諸佛自在神通力　示現一切種種身
或現諸趣無量生　或現采女衆圍遶
或於無量諸世界　示現出家成佛道
乃至最後般涅槃　分布其身起塔廟
如是種種無邊行　導師演說佛所住

開示菩提無量行　一切最勝所由道
諸佛隨宜所作業　無量無邊等法界
智者能以一方便　一切了知無不盡
諸佛自在神通力　示現一切種種身
或現諸趣無量生　或現采女衆圍遶
或於無量諸世界　示現出家成佛道
乃至最後般涅槃　分布其身起塔廟
如是種種無邊行　導師演說佛所住

世尊所有大功德　誓願修行悉令盡
以彼善根迴向時　住於如是方便法
如是修習菩提行　其心畢竟無厭怠
如來所有大神通　及以無邊勝功德
乃至世間諸智行　一切悉知無不盡
如是一切人中主　隨其所有諸境界
於一念中皆了悟　而亦不捨菩提行
諸佛所有微細行　及一切剎種種法

世尊所有大功德　誓願修行悉令盡
以彼善根迴向時　住於如是方便法
如是修習菩提行　其心畢竟無厭怠
如來所有大神通　及以無邊勝功德
乃至世間諸智行　一切悉知無不盡
如是一切人中主　隨其所有諸境界
於一念中皆了悟　而亦不捨菩提行
諸佛所有微細行　及一切剎種種法

於彼悉能隨順知
有數無數一切劫
於此善入菩提行
十方所有無量刹
及彼一切諸如來
於念念中悉明見
如是三世無有餘
於一切心平等入

究竟迴向到彼岸
菩薩了知即一念
常勤修習不退轉
或有雜染或清淨
菩薩悉能分別知
不可思議無量劫
具足修治菩薩行
入一切法亦平等

於彼悉能隨順知　究竟迴向到彼岸
有數無數一切劫　菩薩了知即一念
於此善入菩提行　常勤修習不退轉
十方所有無量刹　或有雜染或清淨
及彼一切諸如來　菩薩悉能分別知
於念念中悉明見　不可思議無量劫
如是三世無有餘　具足修治菩薩行
於一切心平等入　入一切法亦平等

盡空佛刹斯亦然　彼最勝行悉了知
此生衆生及諸法　所有種種諸智慧
菩薩神力亦復然　如是一切無窮盡
諸微細智各差別　菩薩盡攝無有餘
同相異相悉善知　如是修行廣大行
十方無量諸佛刹　其中衆生各無量
趣生族類種種殊　住行力巳悉能知
過去未來現在世　所有一切諸導師

盡空佛刹斯亦然 彼最勝行悉了知
出生衆生及諸法 所有種種諸智慧
菩薩神力亦復然 如是一切無窮盡
諸微細智各差別 菩薩盡攝無有餘
同相異相悉善知 如是修行廣大行
十方無量諸佛刹 其中衆生各無量
趣生族類種種殊 住行力已悉能知
過去未來現在世 所有一切諸導師

若人知此而迴向 則與彼佛行平等
若人能修此迴向 則為學佛所行道
當得一切佛功德 及以一切佛智慧
一切世間莫能壞 一切所學皆成就
常能憶念一切佛 常見一切世間燈
菩薩勝行不可量 諸功德法亦如是
已住如來無上行 悉知諸佛自在力

若人知此而迴向 則與彼佛行平等
若人能修此迴向 則爲學佛所行道
當得一切佛功德 及以一切佛智慧
一切世間莫能壞 一切所學皆成就
常能憶念一切佛 常見一切世間燈
菩薩勝行不可量 諸功德法亦如是
已住如來無上行 悉知諸佛自在力

大方廣佛華嚴經卷第三十一

誹謗 下補曠切　懈倦 上古隘切　離翳 下於計切

狹丗 上侯夾切　如響 下許兩切　陸埵 下丁果切

麁細 上倉胡切　遐邇 上胡加切 下兒氏切　采女 上倉宰切

大方廣佛華嚴經卷第三十一

誹謗 下補曠切　懈倦 上古隘切　齚翳 下於計切

狹世 上侯夾切　如響 下許兩切　薩埵 下丁果切

麤細 上倉胡切　遐邇 上胡加切 下兒氏切　叅女 上倉含切

周本 華嚴經 卷第三十四

— 湖林博物館 所藏 —

大方廣佛華嚴經卷第三十四

于闐國三藏實叉難陀奉　制譯

十地品第二十六之一

爾時世尊在他化自在天王宮摩尼寶藏殿
與大菩薩衆俱其諸菩薩皆於阿耨多羅三
藐三菩提不退轉悉從他方世界來集住一
切菩薩智所住境入一切如來智所入處勤
行不息善能示現種種神通諸所作事教化

大方廣佛華嚴經卷第三十四
于闐國三藏實叉難陀奉　制譯
十地品第二十六之一
爾時世尊在他化自在天王宮摩尼寶藏殿
與大菩薩衆俱其諸菩薩皆於阿耨多羅三
藐三菩提不退轉悉從他方世界來集住一
切菩薩智所住境入一切如來智所入處勤
行不息善能示現種種神通諸所作事教化

調伏一切衆生而不失時爲成菩薩一切大
願於一切世一切劫一切刹勤修諸行無暫
懈息具足菩薩福智助道普益衆生而恒不
匱到一切菩薩智慧方便究竟彼岸示入生
死及以涅槃而不廢捨修菩薩行善入一切
菩薩禪定解脫三昧三摩鉢底神通明智諸
所施爲皆得自在獲一切菩薩自在神力於
一念頃無所動作悉能往詣一切如來道場

調伏一切衆生而不失時爲成菩薩一切大
願於一切世一切劫一切刹勤修諸行無暫
懈息具足菩薩福智助道普益衆生而恒不
匱到一切菩薩智慧方便究竟彼岸示入生
死及以涅槃而不廢捨修菩薩行善入一切
菩薩禪定解脫三昧三摩鉢底神通明智諸
所施爲皆得自在獲一切菩薩自在神力於
一念頃無所動作悉能往詣一切如來道場

衆會爲衆上首請佛說法護持諸佛正法之
輪以廣大心供養承事一切諸佛常勤修習
一切菩薩所行事業其身普現一切世間其
音普及十方法界心智無礙普見三世一切
菩薩所有功德悉已修行而得圓滿於不可
說劫說不能盡其名曰金剛藏菩薩寶藏菩
薩蓮華藏菩薩德藏菩薩蓮華德藏菩薩日
藏菩薩蘇利耶藏菩薩無垢月藏菩薩於一

衆會爲衆上首請佛說法護持諸佛正法之
輪以廣大心供養承事一切諸佛常勤修習
一切菩薩所行事業其身普現一切世間其
音普及十方法界心智無礙普見三世一切
菩薩所有功德悉已修行而得圓滿於不可
說劫說不能盡其名曰金剛藏菩薩寶藏菩
薩蓮華藏菩薩德藏菩薩蓮華德藏菩薩日
藏菩薩蘇利耶藏菩薩無垢月藏菩薩於一

切國土普現莊嚴藏菩薩毗盧遮那智藏菩
薩妙德藏菩薩栴檀德藏菩薩華德藏菩薩
俱蘇摩德藏菩薩優鉢羅德藏菩薩天德藏
菩薩福德藏菩薩無礙清淨智德藏菩薩功
德藏菩薩那羅延德藏菩薩無垢藏菩薩離
垢藏菩薩種種辯才莊嚴藏菩薩大光明網
藏菩薩淨威德光明王藏菩薩金莊嚴大功
德光明王藏菩薩一切相莊嚴淨德藏菩薩

切國土普現莊嚴藏菩薩毗盧遮那智藏菩
薩妙德藏菩薩栴檀德藏菩薩華德藏菩薩
俱蘇摩德藏菩薩優鉢羅德藏菩薩天德藏
菩薩福德藏菩薩無礙清淨智德藏菩薩功
德藏菩薩那羅延德藏菩薩無垢藏菩薩離
垢藏菩薩種種辯才莊嚴藏菩薩大光明網
藏菩薩淨威德光明王藏菩薩金莊嚴大功
德光明王藏菩薩一切相莊嚴淨德藏菩薩

金剛燄德相莊嚴藏菩薩光明燄藏菩薩星
宿王光照藏菩薩虛空無礙智藏菩薩妙音
無礙藏菩薩陀羅尼功德持一切衆生願藏
菩薩海莊嚴藏菩薩須彌德藏菩薩淨一切
功德藏菩薩如來藏菩薩佛德藏菩薩解脫
月菩薩如是等無數無量無邊無等不可數
不可稱不可思不可量不可說諸菩薩摩訶
薩衆金剛藏菩薩而爲上首

金剛燄德相莊嚴藏菩薩光明燄藏菩薩星
宿王光照藏菩薩虛空無礙智藏菩薩妙音
無礙藏菩薩陀羅尼功德持一切衆生願藏
菩薩海莊嚴藏菩薩須彌德藏菩薩淨一切
功德藏菩薩如來藏菩薩佛德藏菩薩解脫
月菩薩如是等無數無量無邊無等不可數
不可稱不可思不可量不可說諸菩薩摩訶
薩衆金剛藏菩薩而爲上首

爾時金剛藏菩薩承佛神力入菩薩大智慧
光明三昧入是三昧已即時十方各過十億
佛刹微塵數世界外各有十億佛刹微塵數
諸佛同名金剛藏而現其前作如是言善哉
善哉金剛藏乃能入是菩薩大智慧光明三
昧善男子此是十方各十億佛刹微塵數諸
佛共加於汝以毗盧遮那如來應正等覺本
願力故威神力故亦是汝勝智力故欲令汝

爾時金剛藏菩薩承佛神力入菩薩大智慧
光明三昧入是三昧已即時十方各過十億
佛刹微塵數世界外各有十億佛刹微塵數
諸佛同名金剛藏而現其前作如是言善哉
善哉金剛藏乃能入是菩薩大智慧光明三
昧善男子此是十方各十億佛刹微塵數諸
佛共加於汝以毗盧遮那如來應正等覺本
願力故威神力故亦是汝勝智力故欲令汝

爲一切菩薩說不思議諸佛法光明故所謂
令入智地故攝一切善根故善揀擇一切佛
法故廣知諸法故善能說法故無分別智清
淨故一切世法不染故出世善根淸淨故得
不思議智境界故得一切智人智境界故又
令得菩薩十地始終故如實說菩薩十地差
別相故緣念一切佛法故修習分別無漏法
故善選擇觀察大智光明巧莊嚴故善入決

為一切菩薩說不思議諸佛法光明故所謂
令入智地故攝一切善根故善揀擇一切佛
法故廣知諸法故善能說法故無分別智清
淨故一切世法不染故出世善根清淨故得
不思議智境界故得一切智人智境界故又
令得菩薩十地始終故如實說菩薩十地差
別相故緣念一切佛法故修習分別無漏法
故善選擇觀察大智光明巧莊嚴故善入決

定智門故隨所住處次第顯說無所畏故得
無礙辯才光明故住大辯才地善決定故憶
念菩薩心不忘失故成熟一切衆生界故能
徧至一切處決定開悟故善男子汝當辯說
此法門差別善巧法所謂承佛神力如來智
明所加故淨自善根故普淨法界故普攝衆
生故深入法身智身故受一切佛灌頂故得
一切世間最高大身故超一切世間道故清

定智門故隨所住處次第顯說無所畏故得
無礙辯才光明故住大辯才地善決定故憶
念菩薩心不忘失故成熟一切衆生界故能
徧至一切處決定開悟故善男子汝當辯說
此法門差別善巧法所謂承佛神力如來智
明所加故淨自善根故普淨法界故普攝衆
生故深入法身智身故受一切佛灌頂故得
一切世間最高大身故超一切世間道故清

淨出世善根故滿足一切智智故爾時十方
諸佛與金剛藏菩薩無能映奪身與無礙樂
說辯與善分別清淨智與善憶念不忘力與
善決定明了慧與至一切處開悟智與成道
自在力與如來無所畏與一切智人觀察分
別諸法門辯才智與一切如來上妙身語意
具足莊嚴何以故得此三昧法如是故本願
所起故善淨深心故善淨智輪故善積集助

淨出世善根故滿足一切智智故爾時十方
諸佛與金剛藏菩薩無能映奪身與無礙樂
說辯與善分別清淨智與善憶念不忘力與
善決定明了慧與至一切處開悟智與成道
自在力與如來無所畏與一切智人觀察分
別諸法門辯才智與一切如來上妙身語意
具足莊嚴何以故得此三昧法如是故本願
所起故善淨深心故善淨智輪故善積集助

道故善修治所作故念其無量法器故知其
清淨信解故得無錯謬揔持故法界智印善
印故
爾時十方諸佛各申右手摩金剛藏菩薩頂
摩頂已金剛藏菩薩從三昧起普告一切菩
薩衆言諸佛子諸菩薩願善決定無雜不可
見廣大如法界究竟如虛空盡未來際徧一
切佛刹救護一切衆生爲一切諸佛所護入

道故善修治所作故念其無量法器故知其
清淨信解故得無錯謬揔持故法界智印善
印故
爾時十方諸佛各申右手摩金剛藏菩薩頂
摩頂已金剛藏菩薩從三昧起普告一切菩
薩衆言諸佛子諸菩薩願善決定無雜不可
見廣大如法界究竟如虛空盡未來際偏一
切佛剎救護一切衆生爲一切諸佛所護入

過去未來現在諸佛智地佛子何等爲菩薩
摩訶薩智地佛子菩薩摩訶薩智地有十種
過去未來現在諸佛已說當說今說我亦如
是說何等爲十一者歡喜地二者離垢地三
者發光地四者焰慧地五者難勝地六者現
前地七者遠行地八者不動地九者善慧地
十者法雲地佛子此菩薩十地三世諸佛已
說當說今說佛子我不見有諸佛國土其中

過去未來現在諸佛智地佛子何等爲菩薩
摩訶薩智地佛子菩薩摩訶薩智地有十種
過去未來現在諸佛已說當說今說我亦如
是說何等爲十一者歡喜地二者離垢地三
者發光地四者燄慧地五者難勝地六者現
前地七者遠行地八者不動地九者善慧地
十者法雲地佛子此菩薩十地三世諸佛已
說當說今說佛子我不見有諸佛國土其中

如來不說此十地者何以故此是菩薩摩訶
薩向菩提最上道亦是清淨法光明門所謂
分别演說菩薩諸地佛子此處不可思議所
謂諸菩薩隨證智
爾時金剛藏菩薩說此菩薩十地名已黙然
而住不復分别是時一切菩薩衆聞菩薩十
地名不聞解釋咸生渴仰作如是念何因何
縁金剛藏菩薩唯說菩薩十地名而不解釋

如來不說此十地者何以故此是菩薩摩訶
薩向菩提最上道亦是淸淨法光明門所謂
分別演說菩薩諸地佛子此處不可思議所
謂諸菩薩隨證智
爾時金剛藏菩薩說此菩薩十地名已默然
而住不復分別是時一切菩薩衆聞菩薩十
地名不聞解釋咸生渴仰作如是念何因何
緣金剛藏菩薩唯說菩薩十地名而不解釋

解脫月菩薩知諸大衆心之所念以頌問金
剛藏菩薩曰

何故淨覺人　念智功德具　說諸上妙地　有力不解釋
一切咸決定　勇猛無怯弱　何故說地名　而不爲開演
諸地妙義趣　此衆皆欲聞　其心無怯弱　願爲分別說
衆會悉清淨　離懈怠嚴潔　能堅固不動　具功德智慧
相視咸恭敬　一切悉專仰　如蜂念好蜜　如渴思甘露

爾時大智無所畏金剛藏菩薩聞說是已欲

解脫月菩薩知諸大衆心之所念以頌問金
剛藏菩薩曰

何故淨覺人 念智功德具 說諸上妙地 有力不解釋
一切咸決定 勇猛無怯弱 何故說地名 而不爲開演
諸地妙義趣 此衆皆欲聞 其心無怯弱 願爲分別說
衆會悉清淨 離懈怠嚴潔 能堅固不動 具功德智慧
相視咸恭敬 一切悉專仰 如蜂念好蜜 如渴思甘露

爾時大智無所畏金剛藏菩薩聞說是已欲

令衆會心歡喜故爲諸佛子而說頌言

菩薩行地事 最上諸佛本 顯示分別說 第一希有難
微細難可見 離念超心地 出生佛境界 聞者悉迷惑
持心如金剛 深信佛勝智 知心地無我 能聞此勝法
如空中彩畫 如空中風相 牟尼智如是 分別甚難見
我念佛智慧 最勝難思議 世間無能受 默然而不說

爾時解脫月菩薩聞是說已白金剛藏菩薩言佛子今此衆會皆悉已集善淨深心 善潔

令衆會心歡喜故爲諸佛子而說頌言
菩薩行地事　最上諸佛本　顯示分別說　第一希有難
微細難可見　離念超心地　出生佛境界　聞者悉迷惑
持心如金剛　深信佛勝智　知心地無我　能聞此勝法
如空中彩畫　如空中風相　牟尼智如是　分別甚難見
我念佛智慧　最勝難思議　世間無能受　默然而不說
爾時解脫月菩薩聞是說已白金剛藏菩薩
言佛子今此衆會皆悉已集善淨深心善潔

思念善修諸行善集助道善能親近百千億
佛成就無量功德善根捨離癡惑無有垢染
深心信解於佛法中不隨他教善哉佛子當
承佛神力而爲演說此諸菩薩於如是等甚
深之處皆能證知爾時解脫月菩薩欲重宣
其義而說頌曰
願說最安隱　菩薩無上行　分別於諸地　智淨成正覺
此衆無諸垢　志解悉明潔　承事無量佛　能知此地義

思念善修諸行善集助道善能親近百千億
佛成就無量功德善根捨離癡惑無有垢染
深心信解於佛法中不隨他教善哉佛子當
承佛神力而爲演說此諸菩薩於如是等甚
深之處皆能證知爾時解脫月菩薩欲重宣
其義而說頌曰
願說最安隱 菩薩無上行 分別於諸地 智淨成正覺
此衆無諸垢 志解悉明潔 承事無量佛 能知此地義

爾時金剛藏菩薩言佛子雖此衆集善淨思
念捨離愚癡及以疑惑於甚深法不隨他教
然有其餘劣解衆生聞此甚深難思議事多
生疑惑於長夜中受諸衰惱我愍此等是故
默然爾時金剛藏菩薩欲重宣其義而說頌
曰
雖此衆淨廣智慧　甚深明利能決擇
其心不動如山王　不可傾覆猶大海

爾時金剛藏菩薩言佛子雖此衆集善淨思
念捨離愚癡及以疑惑於甚深法不隨他教
然有其餘劣解衆生聞此甚深難思議事多
生疑惑於長夜中受諸衰惱我愍此等是故
默然爾時金剛藏菩薩欲重宣其義而說頌
曰
雖此衆淨廣智慧　甚深明利能決擇
其心不動如山王　不可傾覆猶大海

有行未久解未得　隨識而行不隨智
聞此生疑墮惡道　我愍是等故不說
爾時解脫月菩薩重白金剛藏菩薩言佛子
願承佛神力分別說此不思議法此人當得
如來護念而生信受何以故說十地時一切
菩薩法應如是得佛護念得護念故於此智
地能生勇猛何以故此是菩薩最初所行成
就一切諸佛法故譬如書字數說一切皆以

有行未久解未得　隨識而行不隨智
聞此生疑墮惡道　我愍是等故不說
爾時解脫月菩薩重白金剛藏菩薩言佛子
願承佛神力分別說此不思議法此人當得
如來護念而生信受何以故說十地時一切
菩薩法應如是得佛護念得護念故於此智
地能生勇猛何以故此是菩薩最初所行成
就一切諸佛法故譬如書字數說一切皆以

字母爲本字母究竟無有少分離字母者佛
子一切佛法皆以十地爲本十地究竟修行
成就得一切智是故佛子願爲演說此人必
爲如来所護令其信受爾時解脱月菩薩欲
重宣其義而說頌曰
善哉佛子願演說　趣入菩提諸地行
十方一切自在尊　莫不護念智根本
此安住智亦究竟　一切佛法所從生

字母爲夲字母究竟無有少分離字母者佛
子一切佛法皆以十地爲夲十地究竟修行
成就得一切智是故佛子願爲演說此人必
爲如来所護令其信受爾時解脫月菩薩欲
重宣其義而說頌曰

善哉佛子願演說　趣入菩提諸地行
十方一切自在尊　莫不護念智根夲
此安住智亦究竟　一切佛法所從生

譬如書數字母攝　如是佛法依於地

爾時諸大菩薩衆一時同聲向金剛藏菩薩

而說頌言

上妙無垢智　無邊分別辯　宣暢深美言　第一義相應

念持淸淨行　十力集功德　辯才分別義　說此最勝地

定戒集正心　離我慢邪見　此衆無疑念　唯願聞善說

如渴思冷水　如飢念美食　如病憶良藥　如蜂貪好蜜

我等亦如是　願聞甘露法　善哉廣大智　願說入諸地

譬如書數字母攝　如是佛法依於地
爾時諸大菩薩衆一時同聲向金剛藏菩薩
而說頌言
上妙無垢智　無邊分別辯　宣暢深美言　第一義相應
念持淸淨行　十力集功德　辯才分別義　說此最勝地
定戒集正心　離我慢邪見　此衆無疑念　唯願聞善說
如渴思冷水　如飢念美食　如病憶良藥　如蜂貪好蜜
我等亦如是　願聞甘露法　善哉廣大智　願說入諸地

成十力無礙　善逝一切行
爾時世尊從眉間出清淨光明名菩薩力燄
明百千阿僧祇光明以爲眷屬普照十方一
切世界靡不周徧三惡道苦皆得休息又照
一切如來衆會顯現諸佛不思議力又照十
方一切世界一切諸佛所加說法菩薩之身
作是事已於上虛空中成大光明雲網臺而
住時十方諸佛悉亦如是從眉間出清淨光

成十力無礙　善逝一切行
爾時世尊從眉間出清淨光明名菩薩力燄
明百千阿僧祇光明以爲眷屬普照十方一
切世界靡不周徧三惡道苦皆得休息又照
一切如來衆會顯現諸佛不思議力又照十
方一切世界一切諸佛所加說法菩薩之身
作是事已於上虛空中成大光明雲網臺而
住時十方諸佛悉亦如是從眉間出清淨光

明其光名号眷屬作業悉同於此又亦照此
娑婆世界佛及大衆并金剛藏菩薩身師子
座已於上虛空中成大光明雲網臺時光臺
中以諸佛威神力故而說頌言

佛無等等如虛空　十力無量勝功德
人間最勝世中上　釋師子法加於彼
佛子當承諸佛力　開此法王最勝藏
諸地廣智勝妙行　以佛威神分別說

明其光名号眷屬作業悉同於此又亦照此娑婆世界佛及大衆并金剛藏菩薩身師子座已於上虛空中成大光明雲網臺時光臺中以諸佛威神力故而說頌言

佛無等等如虛空　十力無量勝功德
人間最勝世中上　釋師子法加於彼
佛子當承諸佛力　開此法王最勝藏
諸地廣智勝妙行　以佛威神分别說

若爲善逝力所加　當得法寶入其心
諸地無垢次第滿　亦具如來十種力
雖住海水劫火中　堪受此法必得聞
其有生疑不信者　永不得聞如是義
應說諸地勝智道　入住展轉次修習
從行境界法智生　利益一切衆生故
爾時金剛藏菩薩觀察十方欲令大衆增淨
信故而說頌曰

若爲善逝力所加　當得法寶入其心
諸地無垢次第滿　亦具如來十種力
雖住海水劫火中　堪受此法必得聞
其有生疑不信者　永不得聞如是義
應說諸地勝智道　入住展轉次修習
從行境界法智生　利益一切衆生故
爾時金剛藏菩薩觀察十方欲令大衆增淨
信故而說頌曰

如來大仙道　微妙難可知　非念離諸念　求見不可得
無生亦無滅　性淨恒寂然　離垢聰慧人　彼智所行處
自性本空寂　無二亦無盡　解脫於諸趣　涅槃平等住
非初非中後　非言辭所說　出過於三世　其相如虛空
寂滅佛所行　言說莫能及　地行亦如是　難說難可受
智起佛境界　非念離心道　非蘊界處門　智知意不及
如空中鳥迹　難說難可示　如是十地義　心意不能了
慈悲及願力　出生入地行　次第圓滿心　智行非慮境

如來大仙道　微妙難可知　非念離諸念　求見不可得
無生亦無滅　性淨恒寂然　離垢聰慧人　彼智所行處
自性本空寂　無二亦無盡　解脫於諸趣　涅槃平等住
非初非中後　非言辭所說　出過於三世　其相如虛空
寂滅佛所行　言說莫能及　地行亦如是　難說難可受
智起佛境界　非念離心道　非蘊界處門　智知意不及
如空中鳥迹　難說難可示　如是十地義　心意不能了
慈悲及願力　出生入地行　次第圓滿心　智行非慮境

是境界難見　可知不可說　佛力故開演　汝等應敬受
如是智入行　億劫說不盡　我今但略說　眞實義無餘
一心恭敬待　我承佛力說　勝法微妙音　譬諭字相應
無量佛神力　咸來入我身　此處難宣示　我今說少分
佛子若有衆生深種善根善修諸行善集助
道善供養諸佛善集白淨法爲善知識善攝
善清淨深心立廣大志生廣大解慈悲現前
爲求佛智故爲得十力故爲得大無畏故爲

是境界難見　可知不可說　佛力故開演　汝等應敬受
如是智入行　億劫說不盡　我今但略說　眞實義無餘
一心恭敬待　我承佛力說　勝法微妙音　譬諭字相應
無量佛神力　咸來入我身　此處難宣示　我今說少分
佛子若有衆生深種善根善修諸行善集助
道善供養諸佛善集白淨法爲善知識善攝
善清淨深心立廣大志生廣大解慈悲現前
爲求佛智故爲得十力故爲得大無畏故爲

得佛平等法故爲救一切世間故爲淨大慈悲
故爲得十方無餘智故爲淨一切佛刹無障礙
故爲一念知一切三世故爲轉大法輪無所畏故佛
子菩薩起如是心以大悲爲首智慧增上善巧方
便所攝最上深心所持如来力無量善觀察分
別勇猛力智力無礙智現前隨順自然智能受
一切佛法以智慧教化廣大如法界究竟如虛空
盡未來際佛子菩薩始發如是心即得超凡夫地

得佛平等法故爲救一切世間故爲淨大慈悲
故爲得十方無餘智故爲淨一切佛刹無障礙
故爲一念知一切三世故爲轉大法輪無所畏故佛
子菩薩起如是心以大悲爲首智慧增上善巧方
便所攝最上深心所持如来力無量善觀察分
别勇猛力智力無礙智現前隨順自然智能受
一切佛法以智慧教化廣大如法界究竟如虛空
盡未來際佛子菩薩始發如是心即得超凡夫地

入菩薩位生如來家無能說其種族過失離世
間趣入出世道得菩薩法住菩薩處入三世平
等於如來種中決定當得無上菩提菩薩住如
是法名住菩薩歡喜地以不動相應故
佛子菩薩住歡喜地成就多歡喜多淨信多
愛樂多適悅多欣慶多踊躍多勇猛多無鬪
諍多無惱害多無瞋恨佛子菩薩住此歡喜
地念諸佛故生歡喜念諸佛法故生歡喜念

入菩薩位生如來家無能說其種族過失離世
間趣入出世道得菩薩法住菩薩處入三世平
等於如來種中決定當得無上菩提菩薩住如
是法名住菩薩歡喜地以不動相應故
佛子菩薩住歡喜地成就多歡喜多淨信多
愛樂多適悅多欣慶多踊躍多勇猛多無鬪
諍多無惱害多無瞋恨佛子菩薩住此歡喜
地念諸佛故生歡喜念諸佛法故生歡喜念

諸菩薩故生歡喜念諸菩薩行故生歡喜念
清淨諸波羅蜜故生歡喜念諸菩薩地殊勝
故生歡喜念菩薩不可壞故生歡喜念如來
教化衆生故生歡喜念能令衆生得利益故
生歡喜念入一切如來智方便故生歡喜復
作是念我轉離一切世間境界故生歡喜親
近一切佛故生歡喜遠離凡夫地故生歡喜
近智慧地故生歡喜永斷一切惡趣故生歡

諸菩薩故生歡喜念諸菩薩行故生歡喜念
清淨諸波羅蜜故生歡喜念諸菩薩地殊勝
故生歡喜念菩薩不可壞故生歡喜念如來
敎化衆生故生歡喜念能令衆生得利益故
生歡喜念入一切如來智方便故生歡喜復
作是念我轉離一切世間境界故生歡喜親
近一切佛故生歡喜遠離凡夫地故生歡喜
近智慧地故生歡喜永斷一切惡趣故生歡

喜與一切衆生作依止處故生歡喜見一切
如來故生歡喜生佛境界中故生歡喜入一
切菩薩平等性中故生歡喜遠離一切怖畏
毛竪等事故生歡喜何以故此菩薩得歡喜
地已所有怖畏悉得遠離所謂不活畏惡名
畏死畏惡道畏大衆威德畏如是怖畏皆得
永離何以故此菩薩離我想故尚不愛自身
何況資財是故無有不活畏不於他所希求

喜與一切衆生作依止處故生歡喜見一切
如來故生歡喜生佛境界中故生歡喜入一
切菩薩平等性中故生歡喜遠離一切怖畏
毛竪等事故生歡喜何以故此菩薩得歡喜
地已所有怖畏悉得遠離所謂不活畏惡名
畏死畏惡道畏大衆威德畏如是怖畏皆得
永離何以故此菩薩離我想故尚不愛自身
何況資財是故無有不活畏不於他所希求

供養唯專給施一切衆生是故無有惡名畏
遠離我見無有我想是故無有死畏自知死
已決定不離諸佛菩薩是故無有惡道畏我
所志樂一切世間無與等者何況有勝是故
無有大衆威德畏菩薩如是遠離驚怖毛竪
等事
佛子此菩薩以大悲爲首廣大志樂無能沮
壞轉更勤修一切善根而得成就所謂信增

供養唯專給施一切衆生是故無有惡名畏
遠離我見無有我想是故無有死畏自知死
已決定不離諸佛菩薩是故無有惡道畏我
所志樂一切世間無與等者何况有勝是故
無有大衆威德畏菩薩如是遠離驚怖毛竪
等事
佛子此菩薩以大悲爲首廣大志樂無能沮
壞轉更勤修一切善根而得成就所謂信增

上故多淨信故解淸淨故信決定故發生悲
愍故成就大慈故心無疲懈故慙愧莊嚴故
成就柔和故敬順尊重諸佛教法故日夜修
集善根無厭足故親近善知識故常愛樂法
故求多聞無厭足故如所聞法正觀察故心
無依著故不耽著利養名聞恭敬故不求一
切資生之物故生如寶心無厭足故求一切
智地故求如來力無畏不共佛法故求諸波

上故多淨信故解淸淨故信決定故發生悲
愍故成就大慈故心無疲懈故慙愧莊嚴故
成就柔和故敬順尊重諸佛教法故日夜修
集善根無厭足故親近善知識故常愛樂法
故求多聞無厭足故如所聞法正觀察故心
無依著故不耽著利養名聞恭敬故不求一
切資生之物故生如寶心無厭足故求一切
智地故求如來力無畏不共佛法故求諸波

羅蜜助道法故離諸諂誑故如說能行故常
護實語故不汙如來家故不捨菩薩戒故生
一切智心如山王不動故不捨一切世閒事
成就出世閒道故集助菩提分法無厭足故
常求上上殊勝道故佛子菩薩成就如是淨
治地法名爲安住菩薩歡喜地
佛子菩薩住此歡喜地能成就如是大誓願
如是大勇猛如是大作用所謂生廣大淸淨

羅蜜助道法故離諸諂誑故如說能行故常
護實語故不汙如來家故不捨菩薩戒故生
一切智心如山王不動故不捨一切世間事
成就出世間道故集助菩提分法無厭足故
常求上上殊勝道故佛子菩薩成就如是淨
治地法名爲安住菩薩歡喜地
佛子菩薩住此歡喜地能成就如是大誓願
如是大勇猛如是大作用所謂生廣大清淨

決定解以一切供養之具恭敬供養一切諸
佛令無有餘廣大如法界究竟如虛空盡未
來際一切劫數無有休息又發大願願受一
切佛法輪願攝一切佛菩提願護一切諸佛
教願持一切諸佛法廣大如法界究竟如虛
空盡未來際一切劫數無有休息又發大願
願一切世界佛興于世從兜率天宮沒入胎
住胎初生出家成道說法示現涅槃皆悉往

決定解以一切供養之具恭敬供養一切諸
佛令無有餘廣大如法界究竟如虛空盡未
來際一切劫數無有休息又發大願願受一
切佛法輪願攝一切佛菩提願護一切諸佛
教願持一切諸佛法廣大如法界究竟如虛
空盡未來際一切劫數無有休息又發大願
願一切世界佛興于世從兜率天宮沒入胎
住胎初生出家成道說法示現涅槃皆悉往

詣親近供養爲衆上首受行正法於一切處
一時而轉廣大如法界究竟如虛空盡未來
際一切劫數無有休息又發大願願一切菩
薩行廣大無量不壞不雜攝諸波羅蜜淨治
諸地捴相別相同相異相成相壞相所有菩
薩行皆如實說教化一切令其受行心得增
長廣大如法界究竟如虛空盡未來際一切
劫數無有休息又發大願願一切衆生界有

詣親近供養爲衆上首受行正法於一切處
一時而轉廣大如法界究竟如虛空盡未來
際一切劫數無有休息又發大願願一切菩
薩行廣大無量不壞不雜攝諸波羅蜜淨治
諸地揔相別相同相異相成相壞相所有菩
薩行皆如實說敎化一切令其受行心得增
長廣大如法界究竟如虛空盡未來際一切
劫數無有休息又發大願願一切衆生界有

色無色有想無想非有想非無想卵生胎生
溼生化生三界所繫入於六趣一切生處名
色所攝如是等類我皆教化令入佛法令永
斷一切世閒趣令安住一切智智道廣大如
法界究竟如虛空盡未來際一切劫數無有
休息又發大願願一切世界廣大無量麤細
亂住倒住正住若入若行若去如帝網差別
十方無量種種不同智皆明了現前知見廣

色無色有想無想非有想非無想卵生胎生
溼生化生三界所繫入於六趣一切生處名
色所攝如是等類我皆教化令入佛法令永
斷一切世間趣令安住一切智智道廣大如
法界究竟如虛空盡未來際一切劫數無有
休息又發大願願一切世界廣大無量麁細
亂住倒住正住若入若行若去如帝網差別
十方無量種種不同智皆明了現前知見廣

大如法界究竟如虛空盡未来際一切劫數
無有休息又發大願願一切國土入一國土
一國土入一切國土無量佛土普皆清淨光
明衆具以爲莊嚴離一切煩惱成就清淨道
無量智慧衆生充滿其中普入廣大諸佛境
界隨衆生心而爲示現皆令歡喜廣大如法
界究竟如虛空盡未来際一切劫數無有休
息又發大願願與一切菩薩同一志行無有

大如法界究竟如虛空盡未来際一切劫數
無有休息又發大願願一切國土入一國土
一國土入一切國土無量佛土普皆清淨光
明衆具以爲莊嚴離一切煩惱成就清淨道
無量智慧衆生充滿其中普入廣大諸佛境
界隨衆生心而爲示現皆令歡喜廣大如法
界究竟如虛空盡未來際一切劫數無有休
息又發大願願與一切菩薩同一志行無有

怨嫉集諸善根一切菩薩平等一緣常共集
會不相捨離隨意能現種種佛身任其自心
能知一切如來境界威力智慧得不退如意
神通遊行一切世界現形一切衆會普入一
切生處成就不思議大乘修菩薩行廣大如
法界究竟如虛空盡未來際一切劫數無有
休息又發大願願乘不退輪行菩薩行身語
意業悉不唐捐若暫見者則必定佛法暫聞

怨嫉集諸善根一切菩薩平等一緣常共集
會不相捨離隨意能現種種佛身任其自心
能知一切如來境界威力智慧得不退如意
神通遊行一切世界現形一切衆會普入一
切生處成就不思議大乘修菩薩行廣大如
法界究竟如虛空盡未來際一切劫數無有
休息又發大願願乘不退輪行菩薩行身語
意業悉不唐捐若暫見者則必定佛法暫聞

音聲則得寶智慧纔生淨信則永斷煩惱得
如大藥王樹身得如如意寶身修行一切菩
薩行廣大如法界究竟如虛空盡未來際一
切劫數無有休息又發大願願於一切世界
成阿耨多羅三藐三菩提不離一毛端處於
一切毛端處皆悉示現初生出家詣道場成
正覺轉法輪入涅槃得佛境界大智慧力於
念念中隨一切衆生心示現成佛令得寂滅

音聲則得寶智慧纔生淨信則永斷煩惱得
如大藥王樹身得如如意寶身修行一切菩
薩行廣大如法界究竟如虛空盡未來際一
切劫數無有休息又發大願願於一切世界
成阿耨多羅三藐三菩提不離一毛端處於
一切毛端處皆悉示現初生出家詣道場成
正覺轉法輪入涅槃得佛境界大智慧力於
念念中隨一切衆生心示現成佛令得寂滅

以一三菩提知一切法界即涅槃相以一音
說法令一切衆生心皆歡喜示入大涅槃而
不斷菩薩行示大智慧地安立一切法以法
智通神足通幻通自在變化充滿一切法界
廣大如法界究竟如虛空盡未來際一切劫
數無有休息佛子菩薩住歡喜地發如是大
誓願如是大勇猛如是大作用以此十願門
為首滿足百萬阿僧祇大願佛子此大願以

以一三菩提知一切法界即涅槃相以一音
說法令一切衆生心皆歡喜示入大涅槃而
不斷菩薩行示大智慧地安立一切法以法
智通神足通幻通自在變化充滿一切法界
廣大如法界究竟如虛空盡未來際一切劫
數無有休息佛子菩薩住歡喜地發如是大
誓願如是大勇猛如是大作用以此十願門
爲首滿足百萬阿僧祇大願佛子此大願以

十盡句而得成就何等爲十所謂衆生界盡
世界盡虛空界盡法界盡涅槃界盡佛出現
界盡如來智界盡心所緣界盡佛智所入境
界界盡世間轉法轉智轉界盡若衆生界盡
我願乃盡若世界乃至世間轉法轉智轉界
盡我願乃盡而衆生界不可盡乃至世間轉
法轉智轉界不可盡故我此大願善根無有
窮盡

十盡句而得成就何等爲十所謂衆生界盡
世界盡虛空界盡法界盡涅槃界盡佛出現
界盡如來智界盡心所緣界盡佛智所入境
界界盡世間轉法轉智轉界盡若衆生界盡
我願乃盡若世界乃至世間轉法轉智轉界
盡我願乃盡而衆生界不可盡乃至世間轉
法轉智轉界不可盡故我此大願善根無有
窮盡

佛子菩薩發如是大願已則得利益心柔軟
心隨順心寂靜心調伏心寂滅心謙下心潤
澤心不動心不濁心成淨信者有信功用能
信如來本行所入信成就諸波羅蜜信入諸
勝地信成就力信具足無所畏信生長不可
壞不共佛法信不思議佛法信出生無中邊
佛境界信隨入如來無量境界信成就果舉
要言之信一切菩薩行乃至如來智地說力

佛子菩薩發如是大願已則得利益心柔軟
心隨順心寂靜心調伏心寂滅心謙下心潤
澤心不動心不濁心成淨信者有信功用能
信如來本行所入信成就諸波羅蜜信入諸
勝地信成就力信具足無所畏信生長不可
壞不共佛法信不思議佛法信出生無中邊
佛境界信隨入如來無量境界信成就果舉
要言之信一切菩薩行乃至如來智地說力

故
佛子此菩薩復作是念諸佛正法如是甚深
如是寂靜如是寂滅如是空如是無相如是
無願如是無染如是無量如是廣大而諸凡
夫心墮邪見無明覆翳立憍慢高幢入渴愛
網中行諂誑稠林不能自出心與慳嫉相應
不捨恒造諸趣受生因緣貪恚愚癡積集諸
業日夜增長以忿恨風吹心識火熾然不息

故
佛子此菩薩復作是念諸佛正法如是甚深
如是寂靜如是寂滅如是空如是無相如是
無願如是無染如是無量如是廣大而諸凡
夫心墮邪見無明覆翳立憍慢高幢入渴愛
網中行諂誑稠林不能自出心與慳嫉相應
不捨恒造諸趣受生因緣貪恚愚癡積集諸
業日夜增長以忿恨風吹心識火熾然不息

凡所作業皆顚倒相應欲流有流無明流見
流相續起心意識種子於三界田中復生苦
芽所謂名色共生不離此名色增長生六處
聚落於中相對生觸觸故生受因受生愛愛
增長故生取取增長故生有有生故有生老
死憂悲苦惱如是衆生生長苦聚是中皆空
離我我所無知無覺無作無受如草木石壁
亦如影像然諸衆生不覺不知菩薩見諸衆

凡所作業皆顚倒相應欲流有流無明流見
流相續起心意識種子於三界田中復生苦
芽所謂名色共生不離此名色增長生六處
聚落於中相對生觸觸故生受因受生愛愛
增長故生取取增長故生有有生故有生老
死憂悲苦惱如是衆生生長苦聚是中皆空
離我我所無知無覺無作無受如草木石壁
亦如影像然諸衆生不覺不知菩薩見諸衆

生於如是苦聚不得出離是故即生大悲智
慧復作是念此諸衆生我應救拔置於究竟
安樂之處是故即生大慈光明智
佛子菩薩摩訶薩隨順如是大悲大慈以深
重心住初地時於一切物無所吝惜求佛大
智修行大捨凡是所有一切能施所謂財穀
倉庫金銀摩尼眞珠瑠璃珂貝璧玉珊瑚等
物珍寶瓔珞嚴身之具象馬車乘奴婢人民

生於如是苦聚不得出離是故即生大悲智
慧復作是念此諸衆生我應救拔置於究竟
安樂之處是故即生大慈光明智
佛子菩薩摩訶薩隨順如是大悲大慈以深
重心住初地時於一切物無所吝惜求佛大
智修行大捨凡是所有一切能施所謂財穀
倉庫金銀摩尼真珠瑠璃珂貝璧玉珊瑚等
物珍寶瓔珞嚴身之具象馬車乘奴婢人民

城邑聚落園林臺觀妻妾男女內外眷屬及
餘所有玲玩之具頭目手足血肉骨髓一切
身分皆無所惜爲求諸佛廣大智慧是名菩
薩住於初地大捨成就佛子菩薩以此慈悲
大施心爲欲救護一切衆生轉更推求世出
世間諸利益事無疲厭故即得成就無疲厭
心得無疲厭心已於一切經論心無怯弱無
怯弱故即得成就一切經論智獲是智已善

城邑聚落園林臺觀妻妾男女內外眷屬及
餘所有珍玩之具頭目手足血肉骨髓一切
身分皆無所惜爲求諸佛廣大智慧是名菩
薩住於初地大捨成就佛子菩薩以此慈悲
大施心爲欲救護一切衆生轉更推求世出
世間諸利益事無疲厭故即得成就無疲厭
心得無疲厭心已於一切經論心無怯弱無
怯弱故即得成就一切經論智獲是智已善

能籌量應作不應作於上中下一切衆生隨
應隨力隨其所習如是而行是故菩薩得成
世智成世智已知時知量以慚愧莊嚴勤修
自利利他之道是故成就慚愧莊嚴於此行
中勤修出離不退不轉成堅固力得堅固力
已勤供諸佛於佛敎法能如說行佛子菩薩
如是成就十種淨諸地法所謂信悲慈捨無
有疲厭知諸經論善解世法慚愧堅固力供

能籌量應作不應作於上中下一切衆生隨
應隨力隨其所習如是而行是故菩薩得成
世智成世智已知時知量以慚媿莊嚴勤修
自利利他之道是故成就慚媿莊嚴於此行
中勤修出離不退不轉成堅固力得堅固力
已勤供諸佛於佛教法能如說行佛子菩薩
如是成就十種淨諸地法所謂信悲慈捨無
有疲厭知諸經論善解世法慚媿堅固力供

養諸佛依教修行
佛子菩薩住此歡喜地已以大願力得見多
佛所謂見多百佛多千佛多百千佛多億佛
多百億佛多千億佛多百千億佛多億那由
他佛多百億那由他佛多千億那由他佛多
百千億那由他佛悉以大心深心恭敬尊重
承事供養衣服飲食臥具醫藥一切資生悉
以奉施亦以供養一切衆僧以此善根皆悉

養諸佛依教修行
佛子菩薩住此歡喜地已以大願力得見多
佛所謂見多百佛多千佛多百千佛多億佛
多百億佛多千億佛多百千億佛多億那由
他佛多百億那由他佛多千億那由他佛多
百千億那由他佛悉以大心深心恭敬尊重
承事供養衣服飮食卧具醫藥一切資生悉
以奉施亦以供養一切衆僧以此善根皆悉

迴向無上菩提佛子此菩薩因供養諸佛故
得成就衆生法以前二攝攝取衆生謂布施
愛語後二攝法但以信解力故行未善通達
是菩薩十波羅蜜中檀波羅蜜增上餘波羅
蜜非不修行但隨力隨分是菩薩隨所勤修
供養諸佛教化衆生皆以修行清淨地法所
有善根悉以迴向一切智地轉轉明淨調柔
成就隨意堪用佛子譬如金師善巧鍊金數

迴向無上菩提佛子此菩薩因供養諸佛故
得成就衆生法以前二攝攝取衆生謂布施
愛語後二攝法但以信解力故行未善通達
是菩薩十波羅蜜中檀波羅蜜增上餘波羅
蜜非不修行但隨力隨分是菩薩隨所勤修
供養諸佛教化衆生皆以修行清淨地法所
有善根悉以迴向一切智地轉轉明淨調柔
成就隨意堪用佛子譬如金師善巧鍊金數

數入火轉轉明淨調柔成就隨意堪用菩薩
亦復如是供養諸佛教化衆生皆爲修行清
淨地法所有善根悉以迴向一切智地轉轉
明淨調柔成就隨意堪用
佛子菩薩摩訶薩住於初地應從諸佛菩薩
善知識所推求請問於此地中相及得果無
有厭足爲欲成就此地法故亦應從諸佛菩
薩善知識所推求請問第二地中相及得果

数入火轉轉明淨調柔成就隨意堪用菩薩
亦復如是供養諸佛教化衆生皆爲修行清
淨地法所有善根悉以迴向一切智地轉轉
明淨調柔成就隨意堪用
佛子菩薩摩訶薩住於初地應從諸佛菩薩
善知識所推求請問於此地中相及得果無
有厭足爲欲成就此地法故亦應從諸佛菩
薩善知識所推求請問第二地中相及得果

無有厭足爲欲成就彼地法故亦應如是推
求請問第三第四第五第六第七第八第九
第十地中相及得果無有厭足爲欲成就彼
地法故是菩薩善知諸地障對治善知地成
壞善知地相果善知地得修善知地法清淨
善知地地轉行善知地地處非處善知地地
殊勝智善知地地不退轉善知淨治一切菩
薩地乃至轉入如來地佛子菩薩如是善知

無有厭足爲欲成就彼地法故亦應如是推
求請問第三第四第五第六第七第八第九
第十地中相及得果無有厭足爲欲成就彼
地法故是菩薩善知諸地障對治善知地成
壞善知地相果善知地得修善知地法清淨
善知地地轉行善知地地處非處善知地地
殊勝智善知地地不退轉善知淨治一切菩
薩地乃至轉入如來地佛子菩薩如是善知

地相始於初地起行不斷如是乃至入第十
地無有斷絕由此諸地智光明故成於如來
智慧光明佛子譬如商主善知方便欲將諸
商人往詣大城未發之時先問道中功德過
失及住止之處安危可不然後具道資糧作
所應作佛子彼大商主雖未發足能知道中
所有一切安危之事善以智慧籌量觀察備
其所須令無乏少將諸商衆乃至安隱到彼

地相始於初地起行不斷如是乃至入第十
地無有斷絕由此諸地智光明故成於如來
智慧光明佛子譬如商主善知方便欲將諸
商人往詣大城未發之時先問道中功德過
失及住止之處安危可不然後具道資糧作
所應作佛子彼大商主雖未發足能知道中
所有一切安危之事善以智慧籌量觀察備
其所須令無乏少將諸商衆乃至安隱到彼

大城身及衆人悉免憂患佛子菩薩商主亦
復如是住於初地善知諸地障對治乃至善
知一切菩薩地清淨轉入如來地然後乃具
福智資糧將一切衆生經生死曠野險難之
處安隱得至薩婆若城身及衆生不經患難
是故菩薩常應匪懈勤修諸地殊勝淨業乃
至趣入如來智地佛子是名略說菩薩摩訶
薩入菩薩初地門廣說則有無量無邊百千

大城身及衆人悉免憂患佛子菩薩商主亦
復如是住於初地善知諸地障對治乃至善
知一切菩薩地清淨轉入如來地然後乃具
福智資糧將一切衆生經生死曠野險難之
處安隱得至薩婆若城身及衆生不經患難
是故菩薩常應匪懈勤修諸地殊勝淨業乃
至趣入如來智地佛子是名略說菩薩摩訶
薩入菩薩初地門廣說則有無量無邊百千

阿僧祇差別事
佛子菩薩摩訶薩住此初地多作閻浮提王
豪貴自在常護正法能以大施攝取衆生善
除衆生慳貪之垢常行大施無有窮盡布施
愛語利益同事如是一切諸所作業皆不離
念佛不離念法不離念僧不離念同行菩薩
不離念菩薩行不離念諸波羅蜜不離念諸
地不離念力不離念無畏不離念不共佛法

阿僧祇差別事
佛子菩薩摩訶薩住此初地多作閻浮提王
豪貴自在常護正法能以大施攝取衆生善
除衆生慳貪之垢常行大施無有窮盡布施
愛語利益同事如是一切諸所作業皆不離
念佛不離念法不離念僧不離念同行菩薩
不離念菩薩行不離念諸波羅蜜不離念諸
地不離念力不離念無畏不離念不共佛法

乃至不離念具足一切種一切智智復作是
念我當於一切衆生中爲首爲勝爲殊勝爲
妙爲微妙爲上爲無上爲導爲將爲帥乃至
爲一切智智依止者是菩薩若欲捨家於佛
法中勤行精進便能捨家妻子五欲依如來
教出家學道旣出家已勤行精進於一念頃
得百三昧得見百佛知百佛神力能動百佛
世界能過百佛世界能照百佛世界能教化

乃至不離念具足一切種一切智智復作是
念我當於一切衆生中爲首爲勝爲殊勝爲
妙爲微妙爲上爲無上爲導爲將爲帥乃至
爲一切智智依止者是菩薩若欲捨家於佛
法中勤行精進便能捨家妻子五欲依如來
教出家學道旣出家已勤行精進於一念頃
得百三昧得見百佛知百佛神力能動百佛
世界能過百佛世界能照百佛世界能敎化

百世界衆生能住壽百劫能知前後際各百
劫事能入百法門能示現百身於一一身能
示百菩薩以爲眷屬若以菩薩殊勝願力自
在示現過於是數百劫千劫百千劫乃至百
千億那由他劫不能數知爾時金剛藏菩薩
欲重宣其義而說頌曰
若人集衆善　具足白淨法　供養天人尊　隨順慈悲道
信解極廣大　志樂亦清淨　爲求佛智慧　發此無上心

百世界衆生能住壽百劫能知前後際各百
劫事能入百法門能示現百身於一一身能
示百菩薩以爲眷屬若以菩薩殊勝願力自
在示現過於是數百劫千劫百千劫乃至百
千億那由他劫不能數知爾時金剛藏菩薩
欲重宣其義而說頌曰

若人集衆善　具足白淨法　供養天人尊　隨順慈悲道
信解極廣大　志樂亦淸淨　爲求佛智慧　發此無上心

淨一切智力　及以無所畏　成就諸佛法　救攝羣生衆
爲得大慈悲　及轉勝法輪　嚴淨佛國土　發此最勝心
一念知三世　而無有分別　種種時不同　以示於世間
略說求諸佛　一切勝功德　發生廣大心　量等虛空界
悲先慧爲主　方便共相應　信解淸淨心　如來無量力
無礙智現前　自悟不由他　具足同如來　發此最勝心
佛子始發生　如是妙寶心　則超凡夫位　入佛所行處
生在如來家　種族無瑕玷　與佛共平等　決成無上覺

淨一切智力　及以無所畏　成就諸佛法　救攝群生衆
爲得大慈悲　及轉勝法輪　嚴淨佛國土　發此最勝心
一念知三世　而無有分別　種種時不同　以示於世間
略說求諸佛　一切勝功德　發生廣大心　量等虛空界
悲先慧爲主　方便共相應　信解淸淨心　如來無量力
無礙智現前　自悟不由他　具足同如來　發此最勝心
佛子始發生　如是妙寶心　則超凡夫位　入佛所行處
生在如來家　種族無瑕玷　與佛共平等　決成無上覺

纔生如是心　即得入初地　志樂不可動　譬如大山王
多喜多愛樂　亦復多淨信　極大勇猛心　及以慶躍心
遠離於鬪諍　惱害及瞋恚　慙敬而質直　善守護諸根
救世無等者　所有衆智慧　此處我當得　憶念生歡喜
始得入初地　即超五怖畏　不活死惡名　惡趣衆威德
以不貪著我　及以於我所　是諸佛子等　遠離諸怖畏
常行大慈愍　恒有信恭敬　慙愧功德備　日夜增善法
樂法眞實利　不愛受諸欲　思惟所聞法　遠離取著行

纔生如是心　即得入初地　志樂不可動　譬如大山王
多善多愛樂　亦復多淨信　極大勇猛心　及以慶躍心
遠離於鬪諍　惱害及瞋恚　慚敬而質直　善守護諸根
救世無等者　所有衆智慧　此處我當得　憶念生歡喜
始得入初地　即超五怖畏　不活死惡名　惡趣衆威德
以不貪著我　及以於我所　是諸佛子等　遠離諸怖畏
常行大慈愍　恒有信恭敬　慚愧功德備　日夜增善法
樂法眞實利　不愛受諸欲　思惟所聞法　遠離取著行

不貪於利養　唯樂佛菩提　一心求佛智　專精無異念
修行波羅蜜　遠離諂虛誑　如說而修行　安住實語中
不汙諸佛家　不捨菩薩戒　不樂於世事　常利益世間
修善無厭足　轉求增勝道　如是好樂法　功德義相應
恒起大願心　願見於諸佛　護持諸佛法　攝取大仙道
常生如是願　修行最勝行　成熟諸羣生　嚴淨佛國土
一切諸佛刹　佛子悉充徧　平等共一心　所作皆不空
一切毛端處　一時成正覺　如是等大願　無量無邊際

不貪於利養　唯樂佛菩提　一心求佛智　專精無異念
修行波羅蜜　遠離諂虛誑　如說而修行　安住實語中
不汙諸佛家　不捨菩薩戒　不樂於世事　常利益世間
修善無厭足　轉求增勝道　如是好樂法　功德義相應
恒起大願心　願見於諸佛　護持諸佛法　攝取大仙道
常生如是願　修行最勝行　成熟諸群生　嚴淨佛國土
一切諸佛剎　佛子悉充徧　平等共一心　所作皆不空
一切毛端處　一時成正覺　如是等大願　無量無邊際

虛空與衆生　法界及涅槃　世間佛出興　佛智心境界
如來智所入　及以三轉盡　彼諸若有盡　我願方始盡
如彼無盡期　我願亦復然
如是發大願　心柔輭調順　能信佛功德　觀察於衆生
知從因緣起　則興慈念心　如是苦衆生　我今應救脫
爲是衆生故　而行種種施　王位及珍寶　乃至象馬車
頭目與手足　乃至身血肉　一切皆能捨　心得無憂悔
求種種經書　其心無厭倦　善解其義趣　能隨世所行

虛空與衆生　法界及涅槃　世間佛出興　佛智心境界
如來智所入　及以三轉盡　彼諸若有盡　我願方始盡
如彼無盡期　我願亦復然
如是發大願　心柔輭調順　能信佛功德　觀察於衆生
知從因緣起　則興慈念心　如是苦衆生　我今應救脫
爲是衆生故　而行種種施　王位及珍寶　乃至象馬車
頭目與手足　乃至身血肉　一切皆能捨　心得無憂悔
求種種經書　其心無厭倦　善解其義趣　能隨世所行

慙媿自莊嚴　修行轉堅固　供養無量佛　恭敬而尊重
如是常修習　日夜無懈倦　善根轉明淨　如火鍊眞金
菩薩住於此　淨修於十地　所作無障礙　具足不斷絕
譬如大商主　爲利諸商衆　問知道險易　安隱至大城
菩薩住初地　應知亦如是　勇猛無障礙　到於第十地
住此初地中　作大功德王　以法化衆生　慈心無損害
統領閻浮地　化行靡不及　皆令住大捨　成就佛智慧
欲求最勝道　捨己國王位　能於佛教中　勇猛勤修習

慚愧自莊嚴　修行轉堅固　供養無量佛　恭敬而尊重
如是常修習　日夜無懈倦　善根轉明淨　如火鍊眞金
菩薩住於此　淨修於十地　所作無障礙　具足不斷絕
譬如大商主　爲利諸商衆　問知道險易　安隱至大城
菩薩住初地　應知亦如是　勇猛無障礙　到於第十地
住此初地中　作大功德王　以法化衆生　慈心無損害
統領閻浮地　化行靡不及　皆令住大捨　成就佛智慧
欲求最勝道　捨己國王位　能於佛敎中　勇猛勤修習

欲求最勝道　捨己國王位　能於佛教中　勇猛勤修習
則得百三昧　及見百諸佛　震動百世界　光照行亦爾
化百土衆生　入於百法門　能知百劫事　示現於百身
及現百菩薩　以爲其眷屬　若自在願力　過是數無量
我於地義中　略述其少分　若欲廣分別　億劫不能盡
菩薩最勝道　利益諸羣生　如是初地法　我今已說竟

大方廣佛華嚴經卷第三十四

欲求最勝道　捨己國王位　能於佛教中　勇猛勤修習
則得百三昧　及見百諸佛　震動百世界　光照行亦爾
化百土衆生　入於百法門　能知百劫事　示現於百身
及現百菩薩　以爲其眷屬　若自在願力　過是數無量
我於地義中　略述其少分　若欲廣分別　億劫不能盡
菩薩最勝道　利益諸羣生　如是初地法　我今已說竟

大方廣佛華嚴經卷第三十四

不匱 下求位切
如蜂 下敷容切
諂誑 上丑琰切 下居況切
石壁 下比激切
數數 俱所角切
爲帥 下所類切

映奪 上於敬切 下徒活切
傾覆 下芳福切
覆翳 上敷救切 下於計切
珂貝 上苦何切
安危 下魚爲切
瑕玷 上胡加切 下多忝切

錯謬 上倉各切 下靡幼切
瞋恨 上昌眞切 下胡艮切
慳嫉 上苦閑切 下秦悉切
鍊金 上郎殿切
資糧 下良音
險易 上虛檢切 下以豉切

不匱 下求位切

如蜂 下敷容切

諂誑 上丑琰切 下居況切

石壁 下比激切

數數 俱所角切

爲帥 下所類切

映奪 上於敬切 下徒活切

傾覆 下芳福切

覆翳 上敷救切 下於計切

珂貝 上苦何切

安危 下魚爲切

瑕玷 上胡加切 下多忝切

錯謬 上倉各切 下靡幼切

瞋恨 上昌眞切 下胡艮切

慳嫉 上苦閑切 下秦悉切

鍊金 上郎殿切

貲糧 下良音

險易 上虛檢切 下以豉切